ΠΡΟ Η!

Πειρατές

Οι θρυλικές περιπέτειες των
πιο άγριων πειρατών που έζησαν ποτέ

Τζον Μάλαμ

susaeta

Τίτλος πρωτοτύπου:
The Great Big Book of Pirates

susaeta
Κοιμήσεως Θεοτόκου 44
145 65 Άγ. Στέφανος Αττικής
Τηλ.: 210 81 45 740-1
Fax: 210 81 40 170
e-mail: info@susaeta.gr
Εκτυπώθηκε στην Κίνα

Μετάφραση: Θεοδώρα Δαρβίρη
Επιμέλεια: Εύη Κουδούνα
Σελιδοποίηση: Nousimpress / www.nousimpress.gr
Συγγραφέας: John Malam
Σύμβουλος: Philip Steele
Επιμελητής έκδοσης: Amanda Askew
Σχέδιο: Lisa Peacock
Έρευνα εικόνων: Maria Joannou
Εικονογράφοι: Adam Hook, Richard Hook, Peter Bull, Francis Phillips, Mike Saunders

Οι λέξεις με **έντονα μαύρα** γράμματα υπάρχουν στο γλωσσάρι της σελίδας 116.

Φωτογραφικό υλικό:
(ε=επάνω, κ=κάτω, δ=δεξιά, α=αριστερά)
Alamy Images Mary Evans Picture Library 10, 11, 22, Klaus lang 46, Mary Evans Picture Library 54-55, North Wind Picture Archives 47ε, The Print Collector 38δ, Mary Evans Picture Library 69, 76, 84, 86, North Wind Picture Archives 87, Mary Evans Picture Library 102, 113, 115ε, Visual Arts Library (Λονδίνο) 98
Art Archive Eileen Tweedy 16-17
Bridgeman Art Archive Συλλογή της New York Historical Society 28, Ιδιωτική συλλογή/Archives Charmet 20, Ιδιωτική Συλλογή/Peter Newark Pictures 19, Art Library 48, Ιδιωτική Συλλογή/Look and Learn 75, Ιδιωτική Συλλογή, Peter Newark Historical Pictures 78-79, Yale Center for British Art, Paul Mellon Collection, USA 81.
Corbis Bettmann 29, Charles & Josette Lenars 27, Historical Picture Archive 30-31, The Gallery Collection 38α, Bettmann 70, 78, Blue Lantern Studio 68ε, Mansell/Time & Life Pictures 71, 108, Bettmann 98-99, 103, 110, Richard T Nowitz 105ε, Tria Giovan 106-107
Getty Images Hulton Archive 24, The Bridgeman Art Library 14, Hulton Archive 42κ, Hulton Archive 97ε, Mansell/Time & Life Pictures 96-97, The Bridgeman Art Library 107ε
Photoshot AISA/World Illustrated 47κα, 47κδ
Mary Evans Picture Library Grosvenor Prints 15ε
National Maritime Museum 23κ
Rex Features Roger-Viollet 18, Sipa Press 115κ Shutterstock 44, 66κ, 67κ, 68κ
Topham Picturepoint The British Museum/HIP 15κ, 49ε, 53, The Print Collector/HIP 52, 66-67, 83ε

ΠΕΡΙΕΧΟΜΕΝΑ

Οι Αδελφοί Μπαρμπαρόσα

και οι Πειρατές της Μεσογείου

ΠΕΡΙΕΧΟΜΕΝΑ

Οι πειρατές επιτίθενται!

Δύο μεγάλες γαλέρες γλιστρούσαν νωχελικά πάνω στα γαλάζια νερά, κοντά στην ακτή της Ιταλίας.

Ανήκαν στον Πάπα Ιούλιο το Δεύτερο και μετέφεραν εμπορεύματά του. Είχαν κάνει τη συγκεκριμένη διαδρομή εκατοντάδες φορές χωρίς δυσάρεστες περιπέτειες. Τούτη τη φορά όμως τα πράγματα έμελλαν να είναι διαφορετικά.

Βρισκόμαστε στα 1504. Όπως τα παπικά πλοία περιέπλεαν το ιταλικό νησί Έλβα, άρχισε να τα ακολουθεί μια μικρή γαλέρα. Αρχικά, οι άνδρες του Πάπα στο πρώτο καράβι δεν έδωσαν σημασία. Ξάφνου, πρόσεξαν το πλήρωμα του άλλου πλεούμενου, και όταν ένας **βιγλάτορας** διέκρινε τα **τουρμπάνια** στα κεφάλια των ξένων, πανικός μεγάλος κυρίευσε το πλήρωμα. Εκείνη η μικρή γαλέρα ήταν μουσουλμανικό πειρατικό καράβι από τη βόρεια Αφρική που κούρσευε χριστιανικά πλοία.

Ο καπετάνιος των πειρατών, ο Αρούτζ Ρέις, πλησίασε τη γαλέρα του στο μεγαλύτερο πλοίο. Οι άνδρες του ανέβηκαν επάνω και αιχμαλώτισαν το πλήρωμά του. Στη συνέχεια, ο Αρούτζ και οι δικοί του φόρεσαν τα ρούχα των αιχμαλώτων τους με αποτέλεσμα να εξαπατήσουν το πλήρωμα και του δεύτερου πλοίου και να τους αιχμαλωτίσουν και εκείνους.

Η γαλέρα του Αρούτζ Ρέις πλευρίζει τη μεγαλύτερη που ανήκει στον Πάπα Ιούλιο το Δεύτερο.

Ο Αρούτζ Ρέις οδήγησε και τα δύο πλοία που είχε κυριεύσει στη Γολέτα, τη βάση του στην Τυνησία, στη βόρεια Αφρική. Το σημαντικότερο **λάφυρό** του ήταν οι αιχμάλωτοι. Οι χριστιανοί κρατούμενοι υποδουλώνονταν και γίνονταν κωπηλάτες στις γαλέρες των μουσουλμάνων αφεντάδων τους.

Οι Πειρατές της Μεσογείου: 1500-1650

Η Μεσόγειος Θάλασσα ήταν λημέρι πειρατών πολύ πριν εμφανιστεί στο προσκήνιο ο Αρούτζ Ρέις.

Οι πειρατές **λεηλατούσαν** πλοία και αιχμαλώτιζαν άνδρες, γυναίκες και παιδιά, τους οποίους πουλούσαν ως σκλάβους ή κρατούσαν ομήρους. Ο πιο διάσημος όμηρος πειρατών ήταν ο Ιούλιος Καίσαρας. Τον αιχμαλώτισαν το 75 π.Χ. και τον κράτησαν 38 μέρες, ώσπου καταβλήθηκαν **λύτρα** για την απελευθέρωσή του. Ο Καίσαρας επέστρεψε στο άντρο των πειρατών με ενισχύσεις και τους εκτέλεσε. Έτσι, η Μεσόγειος έγινε πιο ασφαλής για τους ταξιδιώτες και τους εμπόρους.

Η Ακτή της Μπαρμπαριάς, στα παράλια της βόρειας Αφρικής, ήταν το ορμητήριο των μουσουλμάνων κουρσάρων από το 1500 περίπου ως το 1650.

Η πειρατεία επέστρεψε στη Μεσόγειο τον 9ο αιώνα, όταν μουσουλμάνοι πειρατές από τη βόρεια Αφρική και την ανατολική Ισπανία άρχισαν να λεηλατούν χριστιανικά πλοία και πόλεις. Αυτό ήταν η αρχή ενός ιερού πολέμου που έμελλε να διαρκέσει αρκετές εκατοντάδες χρόνια. Ως το 1300 περίπου, οι σκληρότερες μάχες είχαν ήδη δοθεί. Τότε, το 16ο αιώνα, μουσουλμάνοι πειρατές άρχισαν και πάλι να επιτίθενται σε χριστιανικά πλοία και πόλεις εγκαινιάζοντας νέα περίοδο πειρατείας στη Μεσόγειο. Ήταν η εποχή των αδελφών Μπαρμπαρόσα.

ΜΑ ΤΟΥΣ ΧΙΛΙΟΥΣ ΘΗΣΑΥΡΟΥΣ!

Οι μουσουλμάνοι πειρατές συνήθως αποκαλούνταν «ρέις» από τους άνδρες τους. Πρόκειται για αραβική λέξη που σημαίνει «καπετάνιος» ή «διοικητής».

ΟΙ ΠΕΡΙΒΟΗΤΟΙ ΠΕΙΡΑΤΕΣ ΤΗΣ ΜΕΣΟΓΕΙΟΥ

Ουλούτζ Αλί Ρέις
Έδρασε μεταξύ 1550-1587

Αρούτζ Ρέις «Μπαρμπαρόσα»
Έδρασε μεταξύ 1500-1518

Χιζίρ Ρέις «Μπαρμπαρόσα»
Έδρασε μεταξύ 1500-1544

Χαμιντού Ρέις
Έδρασε μεταξύ 1790-1815

Τζον Γουόρντ
Έδρασε μεταξύ 1600-1623

Μουράτ Ρέις
Έδρασε μεταξύ 1565-1638

Η Ακτή της Μπαρμπαριάς

Για περίπου 150 χρόνια, από το 1500 έως το 1650, οι ακτές της βόρειας Αφρικής ήταν το ασφαλές καταφύγιο των μουσουλμάνων πειρατών.

Οι πειρατές κυριαρχούσαν σε περιοχή έκτασης εκατοντάδων χιλιάδων χιλιομέτρων, από τα ανατολικά της σημερινής Αλγερίας ως τη Λιβύη. Αν και η βόρεια Αφρική πλέον απαρτίζεται από διαφορετικές χώρες, κάποτε ήταν ένα μωσαϊκό **πόλεων-κρατών** που διοικούνταν από μουσουλμάνους πρίγκιπες. Οι πόλεις-κράτη ήταν η Τρίπολη, η Τύνιδα, το Αλγέρι και το Μαρόκο. Οι Ευρωπαίοι αποκαλούσαν την περιοχή **Ακτή της Μπαρμπαριάς**, ενώ οι επιδρομείς που σάλπαραν από τα λιμάνια της ήταν οι Μπερμπερίνοι **κουρσάροι**.

Ένας χριστιανός ιερέας εξαγοράζει χριστιανούς σκλάβους από τους μουσουλμάνους αφέντες τους.

Κουρσάρος ή καταδρομέας;

Οι δύο λέξεις σημαίνουν ακριβώς το ίδιο, τους επιδρομείς που δρουν με διαταγές των ηγεμόνων τους. Η λέξη «κουρσάρος» χρησιμοποιείται για τους επιδρομείς από τη βόρεια Αφρική και τη Γαλλία, ενώ «καταδρομέας» είναι συνήθως ο Ευρωπαίος επιδρομέας.

Οι αδελφοί Μπαρμπαρόσα ήταν από τους πρώτους κουρσάρους που σάλπαραν από την Ακτή της Μπαρμπαριάς. Ως μουσουλμάνοι κουρσάροι, είχαν την άδεια των πόλεων-κρατών τους να λεηλατούν μη μουσουλμανικούς στόχους, χριστιανικές πόλεις και πλοία. Όσο δεν παραβίαζαν αυτόν το βασικό κανόνα και δεν στρέφονταν κατά των δικών τους, οι μουσουλμάνοι κουρσάροι πίστευαν ότι δεν έκαναν κάτι κακό. Οι χριστιανοί και οι υπόλοιποι μη μουσουλμάνοι, ωστόσο, είχαν διαφορετική γνώμη. Κατά την άποψή τους, οι Μπαρμπαρόσα και άλλοι σαν αυτούς δεν ήταν παρά πειρατές.

ΜΑ ΤΟΥΣ ΧΙΛΙΟΥΣ ΘΗΣΑΥΡΟΥΣ!

Η λέξη «Μπαρμπαριά» προέρχεται από τη λέξη «Βέρβερος». Έτσι ονομάζονταν οι άνθρωποι που ζούσαν κατά μήκος της ακτής της βόρειας Αφρικής.

Αν ένας αιχμάλωτος χριστιανός επιχειρούσε να διαφύγει, η τιμωρία ήταν αμείλικτη.

Κουρσάρικη γαλέρα

Οι γαλέρες ήταν συνηθισμένη εικόνα στη Μεσόγειο Θάλασσα, όπου χρησιμοποιούνταν ως εμπορικά, πολεμικά ή πειρατικά πλοία.

Όλες οι γαλέρες ήταν στενόμακρα, χαμηλά πλοία. Στις αρχές του 16ου αιώνα, οι γαλέρες που χρησιμοποιούνταν από εμπόρους για τη μεταφορά αγαθών και ανθρώπων είχαν μήκος 55 μέτρα, ενώ οι πολεμικές έφθαναν τα 47 μέτρα.

Οι Μπερμπερίνοι κουρσάροι προτιμούσαν τις μικρότερες γαλέρες, γνωστές και ως **γαλιότες**. Είχαν το μισό μέγεθος της εμπορικής γαλέρας και ήταν γρήγορες και ευκίνητες. Σε κάθε πλευρά της γαλέρας υπήρχε μια σειρά από κουπιά, παραταγμένα σε ζεύγη, ένα σε κάθε πλευρά του πλοίου. Στις κουρσάρικες γαλέρες, δύο άνδρες τραβούσαν κάθε κουπί. Επρόκειτο για σκλάβους ή αιχμαλώτους που ήταν εξαναγκασμένοι να κωπηλατούν.

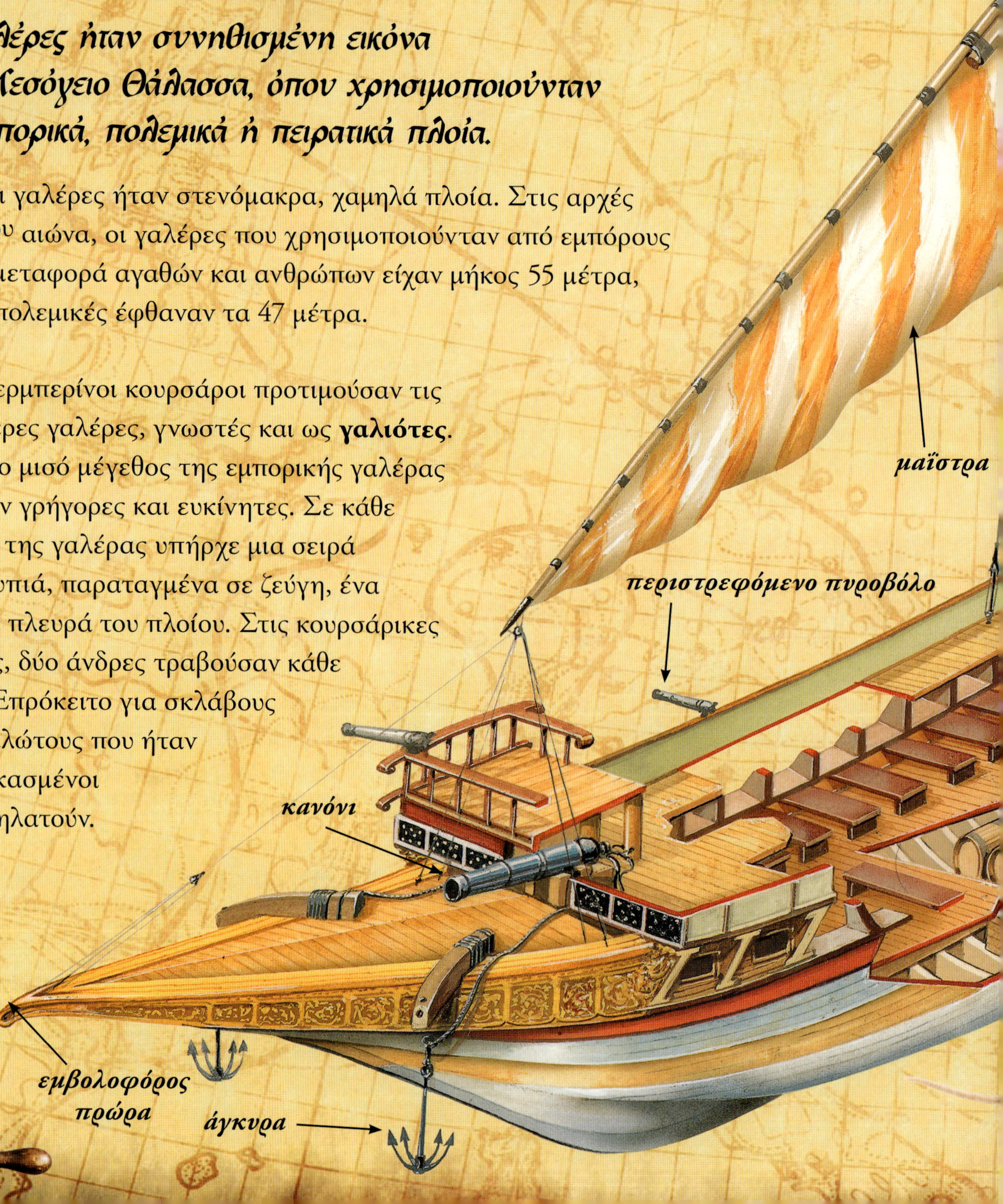

Χάρη στη δική τους κοπιαστική προσπάθεια γλιστρούσε η γαλέρα στα νερά. Στην καλύτερή του επίδοση, ένα καλό πλήρωμα μπορούσε να κωπηλατήσει έως και 1,5 χιλιόμετρο σε έξι επτά λεπτά, διατηρώντας τη συγκεκριμένη ταχύτητα μόνο για 20 λεπτά περίπου. Έπειτα οι κωπηλάτες κουράζονταν και η γαλέρα επιβράδυνε. Δεν ήταν, ωστόσο, μόνο τα ανθρώπινα χέρια. Τις μέρες με αέρα, τα πανιά έδιναν ώθηση στη γαλέρα.

Η γαλέρα σε μια ματιά

Μήκος: 27 μέτρα

Πλάτος: 3 μέτρα

Κουπιά: 16 με 20 ζεύγη (32 με 40 κουπιά)

Μήκος κουπιών: 4,5 μέτρα

Κωπηλάτες: 64 με 80

Κουρσάροι: έως 60

Ταχύτητα πλεύσης: 4 κόμβοι (8 χιλιόμετρα την ώρα)

Μέγιστη ταχύτητα: 8 κόμβοι (15 χιλιόμετρα την ώρα)

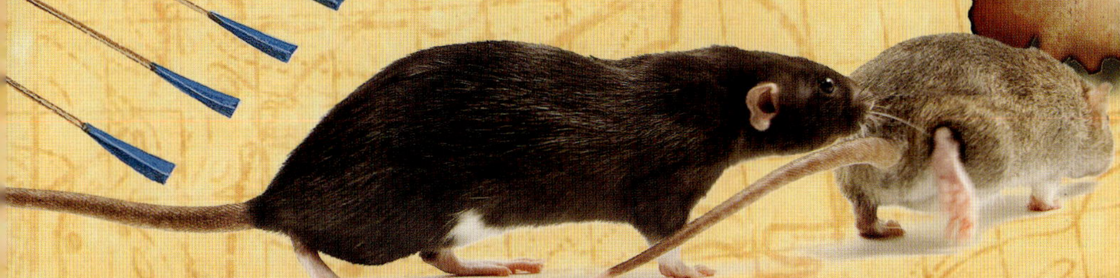

Σκλάβοι σε γαλέρα

Η αιχμαλωσία ήταν αναπόσπαστο κομμάτι της πειρατείας στη Μεσόγειο Θάλασσα.

Οι χριστιανοί πειρατές αιχμαλώτιζαν μουσουλμάνους, και οι μουσουλμάνοι πειρατές αιχμαλώτιζαν χριστιανούς, όπως συνέβη με τον Αρούτζ Ρέις όταν κατέλαβε τις γαλέρες του Πάπα. Και οι δύο πλευρές έκαναν τους αιχμαλώτους τους σκλάβους, πολλοί από τους οποίους ήταν αναγκασμένοι να εργάζονται σαν «ανθρώπινες μηχανές» τραβώντας κουπιά στις γαλέρες.

ΜΑ ΤΟΥΣ ΧΙΛΙΟΥΣ ΘΗΣΑΥΡΟΥΣ!

Στις 20 Ιουνίου 1631, το χωριό Βαλτιμόρη, στα νότια παράλια της Ιρλανδίας, δέχθηκε επίθεση από Μπερμπερίνους πειρατές. Πάνω από 100 χωρικοί οδηγήθηκαν στη βόρεια Αφρική και έγιναν σκλάβοι. Το 17ο αιώνα, οι κουρσάροι άρπαζαν ανθρώπους και από το Ντέβον και την Κορνουάλη.

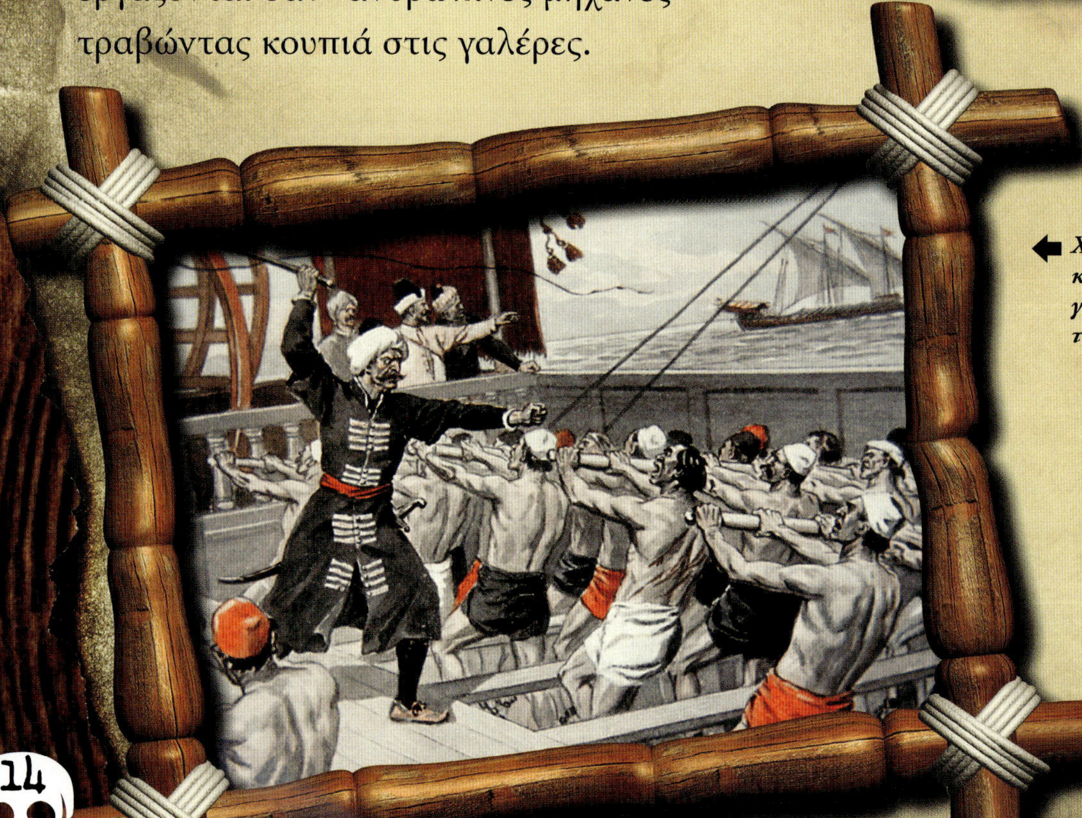

Χριστιανοί αιχμάλωτοι κωπηλατούν σε μουσουλμανική γαλέρα υπό τις απειλές του καπετάνιου τους.

Μουσουλμάνοι κουρσάροι διαφεύγουν έπειτα από επίθεση σε πλοίο.

Μόνο οι άνδρες γίνονταν σκλάβοι σε γαλέρες – στις αιχμάλωτες γυναίκες οι αφέντες ανέθεταν άλλα καθήκοντα, όπως τη φροντίδα των σπιτιών τους. Οι σκλάβοι στις γαλέρες έσπρωχναν και τραβούσαν βαριά κουπιά ώρες ολόκληρες. Ορισμένοι κωπηλατούσαν στις γαλέρες για χρόνια, αν και οι περισσότεροι δεν άντεχαν πολύ. Στη θάλασσα, οι σκλάβοι έπιναν νερό με λάδι και ξίδι, και έτρωγαν παξιμάδια και χυλό.

Νομίσματα, κεραμεικά και άλλα αντικείμενα έχουν βρεθεί σε ναυάγιο κοντά στο Μαρόκο, στη βόρεια Αφρική. Το πλοίο πρέπει να ήταν κουρσάρικη γαλέρα που είχε κάνει επιδρομή σε αγγλικές πόλεις.

Υπήρχε διαρκώς ανάγκη για νέους και υγιείς σκλάβους σε γαλέρες, με αποτέλεσμα τόσο οι μουσουλμάνοι όσο και οι χριστιανοί να οργανώνουν πειρατείες ώστε να αιχμαλωτίζουν περισσότερους άνδρες. Ως το 1600, υπήρχαν γύρω στους 35.000 σκλάβους σε πόλεις κατά μήκος της Ακτής της Μπαρμπαριάς. Τους κρατούσαν φυλακισμένους κάτω από άθλιες συνθήκες στα **κάτεργα**, ορισμένα από τα οποία ανήκαν σε κουρσάρους καπετάνιους.

Επίθεση κουρσάρων

Οι κουρσάροι καπετάνιοι δημιουργούσαν στόλους από γαλέρες. Το 1512, ο Αρούτζ Ρέις διοικούσε 12 γαλέρες και στρατό εκατοντάδων ανδρών.

Θα έπρεπε να διαθέτει τουλάχιστον 1.000 σκλάβους για τις γαλέρες του και άλλους τόσους σε εφεδρεία στα κάτεργα της βόρειας Αφρικής.

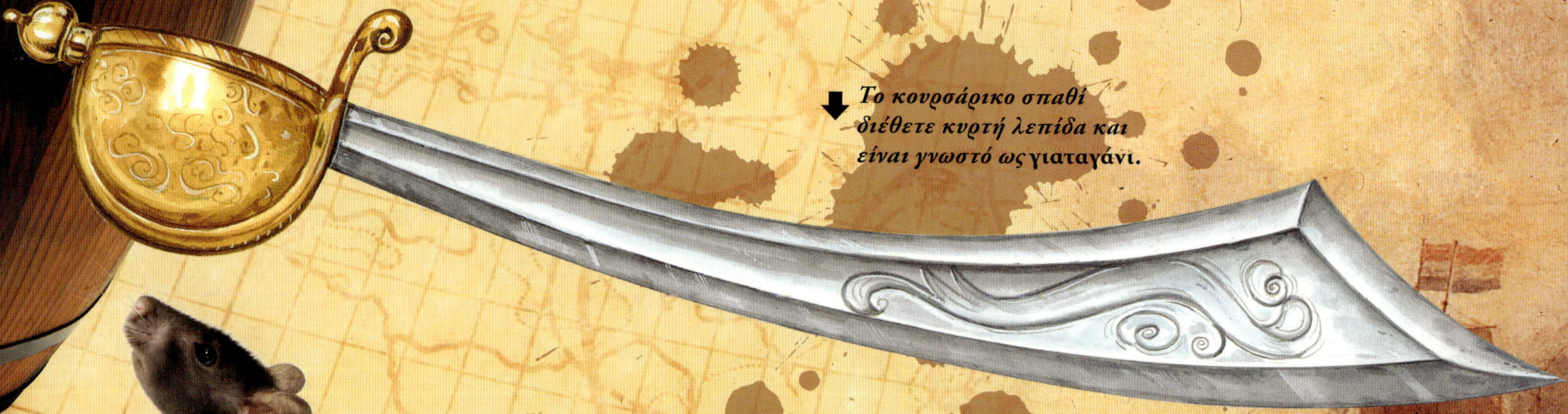

Το κουρσάρικο σπαθί διέθετε κυρτή λεπίδα και είναι γνωστό ως γιαταγάνι.

Στην αρχή, οι Μπερμπερίνοι κουρσάροι επιτίθονταν μόνο σε καράβια στη Μεσόγειο Θάλασσα. Μέχρι το 17ο αιώνα όμως, ήδη απειλούσαν πλοία και πόλεις πολύ μακριά από τις βορειοαφρικανικές βάσεις τους. Οργάνωναν επιδρομές σε μέρη τόσο μακρινά όπως ήταν η Βρετανία, η Ιρλανδία, ακόμα και η Ισλανδία.

Η κουρσάρικη γαλέρα είχε ένα μικρό κανόνι στο μπροστινό της μέρος. Στις επιθέσεις, το έστρεφαν εναντίον του εχθρικού πλοίου και, μόλις εκείνο έμπαινε στο βεληνεκές της, το πυροδοτούσαν. Ώσπου να ξαναοπλιστεί το κανόνι, η γαλέρα είχε πια πλησιάσει πολύ. Τότε, οι στρατιώτες της πηδούσαν στο εχθρικό πλοίο και ξεκινούσε μάχη σώμα με σώμα. Όταν η σύγκρουση έφθανε στο τέλος της, το εχθρικό πλοίο και το πλήρωμά του είχαν ήδη γίνει λάφυρο στα χέρια των κουρσάρων.

ΜΑ ΤΟΥΣ ΧΙΛΙΟΥΣ ΘΗΣΑΥΡΟΥΣ!

Μέσα σε διάστημα μόλις επτά χρόνων, από το 1609 έως το 1616, οι Μπερμπερίνοι κουρσάροι κατέλαβαν 466 πλοία κοντά στις ακτές της Βρετανίας και αιχμαλώτισαν χιλιάδες ανθρώπους.

Κουρσάρικες γαλέρες μάχονται κατά μεγαλύτερων ιστιοφόρων από την Ευρώπη.

Αρούτζ Ρέις: ο μονόχειρας κουρσάρος

Ο Αρούτζ Ρέις ήταν ο πρώτος στην οικογένειά του που επέλεξε την πειρατική ζωή. Ήταν μικρόσωμος, με κόκκινα γένια και κόκκινα μαλλιά.

Οι άνδρες του τον αποκαλούσαν «Μπαμπά Αρούτζ», που σήμαινε «Πατέρας Αρούτζ», αλλά για τους χριστιανούς εχθρούς του ήταν ο Μπαρμπαρόσα, δηλαδή ο «Κοκκινογένης».

Αρούτζ Ρέις, γνωστός ως «Μπαρμπαρόσα»

Γεννήθηκε: δεκαετία 1470, στη Λέσβο

Πέθανε: το 1518, στο Οράν της Αλγερίας

Επάγγελμα: Κουρσάρος

Ο Αρούτζ Ρέις, μαζί με το μικρότερο αδελφό του Χιζίρ, ήταν οι πιο διαβόητοι Μπερμπερίνοι κουρσάροι.

Στα τέλη του 15ου αιώνα, ο Αρούτζ επιτέθηκε σε πλοία στην ανατολική Μεσόγειο. Σε μία από τις επιθέσεις, τον αιχμαλώτισαν χριστιανοί και έγινε σκλάβος σε γαλέρα. Ένας Αιγύπτιος πρίγκιπας πλήρωσε για να απελευθερωθεί ο Αρούτζ, ο οποίος στη συνέχεια εγκαταστάθηκε στην Μπαρμπαριά μαζί με το νεαρότερο αδελφό του, Χιζίρ. Η Τυνησία έγινε το ορμητήριό τους, ενώ αργότερα μετακινήθηκαν δυτικά σε καινούρια βάση στην Αλγερία.

Ο Αρούτζ πραγματοποιούσε επιδρομές σε χριστιανικά πλοία στη δυτική Μεσόγειο. Η πιο τολμηρή επιχείρησή του έγινε το 1504, όταν κυρίευσε δύο γαλέρες ιδιοκτησίας του Πάπα. Τον επόμενο χρόνο κατέλαβε ένα ισπανικό πολεμικό πλοίο με 500 στρατιώτες. Το 1512, στη διάρκεια μιας επίθεσης ενάντια σε ένα ισπανικό φρούριο στην Αλγερία, ο Αρούτζ έχασε το αριστερό του χέρι. Από τότε, ήθελε να εκδικηθεί με κάθε τρόπο τους Ισπανούς, αλλά στα 1518, σε μια μάχη στα περίχωρα του Οράν, τον σκότωσαν στρατιώτες απεσταλμένοι του βασιλιά της Ισπανίας.

ΜΑ ΤΟΥΣ ΧΙΛΙΟΥΣ ΘΗΣΑΥΡΟΥΣ!

Το 1516, ο Αρούτζ ανέτρεψε τον ηγεμόνα του Αλγερίου και αυτοανακηρύχθηκε **σουλτάνος**, ή πρίγκιπας.

Υπό τις διαταγές του Αρούτζ Ρέις, οι κουρσάροι επιβιβάστηκαν στη γαλέρα του Πάπα Ιούλιου του Δεύτερου. Τα μέλη του πληρώματος αιχμαλωτίστηκαν και μεταφέρθηκαν στην Τυνησία, στη βόρεια Αφρική, όπου ξεκίνησαν τη νέα τους ζωή ως σκλάβοι σε γαλέρες.

Τζον Γουόρντ: ο πειρατής που άλλαξε στρατόπεδο

Δεν ήταν όλοι οι Μπερμπερίνοι κουρσάροι μουσουλμάνοι. Κάποιοι ήταν χριστιανοί πειρατές που ασπάστηκαν το Ισλάμ.

Ο Τζον Γουόρντ ήταν Άγγλος και ξεκίνησε την πειρατική του σταδιοδρομία στην Καραϊβική. Γύρω στο 1604, διέφυγε στη Μεσόγειο όπου συνέχισε να λεηλατεί πλοία.

ΜΑ ΤΟΥΣ ΧΙΛΙΟΥΣ ΘΗΣΑΥΡΟΥΣ!

Ένας ταξιδιώτης από τη Σκοτία επισκέφθηκε τον Γουόρντ όταν ήταν πια πολύ γέρος. Τότε ανακάλυψε πως ο Γουόρντ είχε ένα χόμπυ: εξέτρεφε κότες. Κρατούσε μάλιστα τα αυγά ζεστά σε κοπριά από καμήλες!

Πειρατές από την Ακτή της Μπαρμπαριάς αιχμαλωτίζουν σκλάβους στη βόρεια ακτή της Μεσογείου.

Τζον Γουόρντ, γνωστός ως «Γιουσούφ Ρέις»

Γεννήθηκε: γύρω στο 1553
Πέθανε: το 1623, από πανούκλα, στην Τύνιδα
Επάγγελμα: Πειρατής

Ο Τζον Γουόρντ δεν πέρασε απαρατήρητος από τους Μπερμπερίνους κουρσάρους. Ως το 1606 είχε βρει κοντά τους ένα ασφαλές καταφύγιο. Από το ορμητήριό τους έκανε επιδρομές σε ευρωπαϊκά πλοία που μετέφεραν μπαχαρικά και χρυσάφι. Σε μία από αυτές τις επιδρομές, ο Γουόρντ άδραξε φορτίο αξίας 100.000 αγγλικών λιρών, το οποίο πούλησε στον Οσμάν Μπέη, τον κυβερνήτη της Τύνιδας, για 20.000 λίρες. Σε αντάλλαγμα, εκείνος του επέτρεψε να χρησιμοποιεί το λιμάνι του. Μικρό το τίμημα για την προστασία του.

Το 1610, ο Γουόρντ **ασπάστηκε** το Ισλάμ. Ονομάστηκε Γιουσούφ Ρέις, αν και πολλοί μουσουλμάνοι τον αποκαλούσαν «Καπετάν Γουαρντίγια». Απελευθέρωσε Άγγλους σκλάβους που κρατούνταν σε κουρσάρικες φυλακές και στην Αγγλία αποτέλεσε έμπνευση για πολλά τραγούδια. Υπήρχε μάλιστα και ένα θεατρικό έργο που είχε γραφτεί γι' αυτόν, το *Ένας Χριστιανός Που Γίνηκε Τούρκος*. Στο τέλος του έργου σκοτωνόταν και το σώμα του ριχνόταν στη θάλασσα. Ο πραγματικός Τζον Γουόρντ όμως έζησε μέσα στα πλούτη και την πολυτέλεια στην Τύνιδα έχοντας μάλιστα Άγγλους υπηρέτες!

Ο Γουόρντ χρησιμοποίησε τα δικά του χρήματα για να εξαγοράσει την ελευθερία Άγγλων σκλάβων που κρατούνταν αιχμάλωτοι στη βόρεια Αφρική.

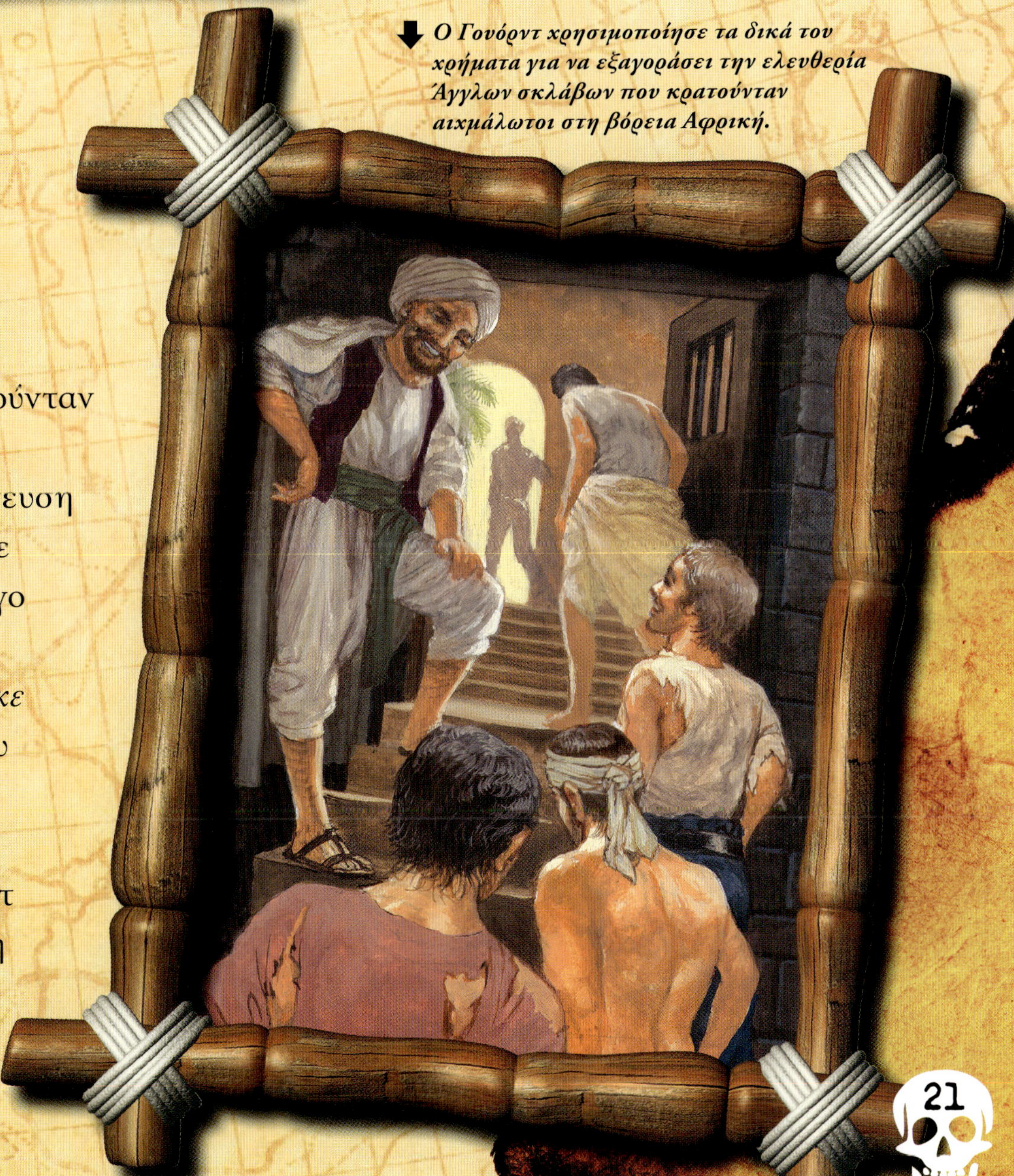

Χιζίρ Ρέις: το δώρο του Θεού

↑ *Υπό τις διαταγές του Χιζίρ Ρέις, ο οθωμανικός στόλος ήταν η μεγαλύτερη δύναμη στην ανατολική Μεσόγειο, ώσπου έχασε στη ναυμαχία της Ναυπάκτου το 1571.*

Όπως ο μεγαλύτερος αδελφός του Αρούτζ, έτσι και ο Χιζίρ Ρέις είχε εντυπωσιακά κόκκινα μαλλιά και κόκκινα γένια.

Ήταν μορφωμένος και μιλούσε όλες τις κύριες γλώσσες της Μεσογείου: ελληνικά, αραβικά, ισπανικά, ιταλικά και γαλλικά.

ΜΑ ΤΟΥΣ ΧΙΛΙΟΥΣ ΘΗΣΑΥΡΟΥΣ!

Το 1529, ο Χιζίρ χρησιμοποίησε ένα στόλο από 36 γαλέρες για να μεταφέρει 70.000 μουσουλμάνους από την Ισπανία στη βόρεια Αφρική. Χρειάστηκε να κάνει το ταξίδι εφτά φορές προκειμένου να μεταφερθούν όλοι.

Μετά το θάνατο του αδελφού του το 1518, ο Χιζίρ έγινε αρχηγός του οικογενειακού στόλου με τις γαλέρες και συνέχισε τον πόλεμο με την Ισπανία που είχε ξεκινήσει ο Αρούτζ. Ο Χιζίρ επιτέθηκε στις **κτήσεις** της Ισπανίας στις ακτές της βόρειας Αφρικής αναγκάζοντας τον ισπανικό στόλο σε υποχώρηση.

Και ενώ η δύναμη του Χιζίρ μεγάλωνε, ανακηρύχθηκε ηγεμόνας των πόλεων-κρατών της Μπαρμπαριάς και το 1533 ανέλαβε τη διοίκηση του οθωμανικού (τουρκικού) στόλου. Δύο χρόνια αργότερα, οδήγησε ένα στόλο από γαλέρες στο ισπανικό νησί Μαγιόρκα. Το λεηλάτησε και αιχμαλώτισε 6.000 άτομα. Σε επόμενες επιδρομές, επιτέθηκε στη νότια Ιταλία και τη Γαλλία, και νίκησε τους στόλους που είχαν στείλει η Ισπανία, ο Πάπας και οι πόλεις της Ιταλίας.

Η πολεμική σημαία του Χιζίρ Ρέις. Η αραβική γραφή στην κορυφή λέει: «Μωάμεθ! Αποκάλυψε χαρμόσυνα νέα στους πιστούς, πως η κατάκτηση πλησιάζει».

Το 1530, ο Χιζίρ και το πλήρωμά του έκαναν επιδρομή στην Τύνιδα, αιχμαλωτίζοντας πολλούς σκλάβους.

Η επιτυχής σταδιοδρομία του Χιζίρ ως καπετάνιου έκανε τον οθωμανικό στόλο κυρίαρχο στη Μεσόγειο, ενώ ο ίδιος απέκτησε τον τίτλο «Χαΐρ-αλ-Ντιν», που σήμαινε «δώρο του Θεού».

Χιζίρ Ρέις, γνωστός ως «Μπαρμπαρόσα»

Γεννήθηκε: δεκαετία 1470, στη Λέσβο

Πέθανε: το 1546, στην Κωνσταντινούπολη της Τουρκίας

Επάγγελμα: Κουρσάρος και ναυτικός διοικητής

Μουράτ Ρέις: «Καπετάνιος της Θάλασσας»

Όταν ήταν έφηβος, αιχμαλωτίστηκε από έναν Μπερμπερίνο κουρσάρο και πήρε το μουσουλμανικό όνομα «Μουράτ».

Ο Μουράτ έγινε κουρσάρος καπετάνιος και όσο πύκνωναν οι επιθέσεις του ενάντια σε χριστιανικά πλοία και πόλεις, απέκτησε φήμη πανίσχυρου μουσουλμάνου πολεμιστή. Επιπλέον, ήταν ιδιαίτερα πανούργος.

ΜΑ ΤΟΥΣ ΧΙΛΙΟΥΣ ΘΗΣΑΥΡΟΥΣ!

Ο Μουράτ πέθανε σε μια επίθεση κατά της πόλης Βλόρα στην Αλβανία. Πρέπει να ήταν περίπου 100 ετών!

Ο Μουράτ πολέμησε στη Ναυμαχία της Ναυπάκτου το 1571. Νικήθηκε, όμως, μαζί με τον υπόλοιπο οθωμανικό στόλο, από τις ισχυρότερες χριστιανικές δυνάμεις.

Μουράτ Ρέις

Γεννήθηκε: γύρω στο 1534, στην Αλβανία
Πέθανε: το 1638, πολεμώντας στην Αλβανία
Επάγγελμα: Κουρσάρος και ναυτικός διοικητής

Όταν τα πλοία του πραγματοποιούσαν επιθέσεις, κατέβαζε τα κατάρτια στις μικρότερες γαλέρες του. Ο Μουράτ έδενε τις μικρές γαλέρες πίσω από τις μεγαλύτερες, μα επειδή ήταν χαμηλές δύσκολα τις έβλεπε κανείς. Έτσι εξαπατούσε τον εχθρό, ο οποίος νόμιζε ότι είχε να αντιμετωπίσει μόνο ελάχιστα πλοία και άντρες.

Ο Μουράτ Ρέις πλησίασε το θύμα του με προσοχή, σκαρφαλώνοντας κρυφά στο πλοίο και αιφνιδιάζοντάς το.

Ο Μουράτ ήταν ο πρώτος Μπερμπερίνος κουρσάρος που αποτόλμησε να βγει από τη Μεσόγειο Θάλασσα. Το 1586, διέσχισε τα Στενά του Γιβραλτάρ, το στενό πέρασμα ανάμεσα στην Ισπανία και τη βόρεια Αφρική, και πέρασε στον Ατλαντικό Ωκεανό. Κατευθύνθηκε στα Κανάρια Νησιά, ανοιχτά των ακτών της δυτικής Αφρικής, και επιτέθηκε στο Λανσαρότε. Ο Μουράτ αιχμαλώτισε τον Ισπανό κυβερνήτη και τον άφησε να φύγει μόνο αφού του κατέβαλε ένα αρκετά μεγάλο χρηματικό ποσό. Το 1578 του απονεμήθηκε ο τίτλος «Καπετάνιος της Θάλασσας».

Ουλούτζ Αλί Ρέις: από σκλάβος, καπετάνιος

Χιλιάδες χριστιανοί σκλάβοι τραβούσαν κουπιά σε πλοία μουσουλμάνων κουρσάρων. Οι περισσότεροι παραμένουν άγνωστοι, με εξαίρεση έναν, τον Τζοβάνι Ντιονίτζι.

Ζούσε στη νότια Ιταλία και μάλλον η μόνη φιλοδοξία του ήταν να γίνει ψαράς, σαν τον πατέρα του.
Το 1536, όμως, στα 16 του χρόνια, αιχμαλωτίστηκε από ένα μουσουλμάνο επιδρομέα και άρχισε να εργάζεται ως κωπηλάτης σε μουσουλμανική γαλέρα.

ΜΑ ΤΟΥΣ ΧΙΛΙΟΥΣ ΘΗΣΑΥΡΟΥΣ!

Μουσουλμάνοι και χριστιανοί υπέγραψαν συνθήκη ειρήνης το 1577. Έτσι, τελείωσε ο ιερός πόλεμος μεταξύ τους, αν και η πειρατεία συνεχίστηκε. Μάλιστα, περισσότεροι πειρατές από ποτέ, τόσο μουσουλμάνοι όσο και χριστιανοί, συνέχισαν να αρμενίζουν στη Μεσόγειο Θάλασσα.

Λέγεται ότι ο Τζοβάνι Ντιονίτζι ερωτεύτηκε την κόρη του ανθρώπου που τον είχε αιχμαλωτίσει. Για να την παντρευτεί, ασπάστηκε το Ισλάμ και άλλαξε το όνομά του σε Ουλούτζ Αλί. Τότε, απελευθερώθηκε και αποφάσισε να πολεμήσει στο πλευρό των κουρσάρων.

Ο Ουλούτζ Αλί ήταν σπουδαίος ηγέτης και πολέμησε σε πολλές μάχες, συμπεριλαμβανομένης και της Ναυμαχίας της Ναυπάκτου το 1571.

Ο Ουλούτζ Αλί έγινε επιφανής κουρσάρος. Διοικούσε ένα στόλο από γαλέρες και οργάνωνε επιθέσεις ενάντια στην Ισπανία και την Ιταλία. Το 1571, έλαβε μέρος στη Ναυμαχία της Ναυπάκτου. Επί πέντε ώρες, 300 μουσουλμανικές γαλέρες μάχονταν με 200 χριστιανικές πολεμικές γαλέρες. Αν και η μουσουλμανική δύναμη ηττήθηκε, ο Ουλούτζ Αλί πολέμησε γενναία και έσωσε πολλά καράβια. Αργότερα, ανέλαβε τη διοίκηση του οθωμανικού ναυτικού και πέρασε το υπόλοιπο της ζωής του προστατεύοντας την Ακτή της Μπαρμπαριάς από επιθέσεις χριστιανών.

Ουλούτζ Αλί

Γεννήθηκε: γύρω στο 1520, στην Ιταλία
Πέθανε: το 1587, στην Κωνσταντινούπολη της Τουρκίας
Επάγγελμα: Κουρσάρος και ναυτικός διοικητής

Η Ναυμαχία της Ναυπάκτου κράτησε πέντε ώρες. Ο οθωμανικός στόλος ηττήθηκε από τις χριστιανικές δυνάμεις της Ισπανίας και της Ιταλίας. Ήταν η τελευταία σημαντική ναυμαχία στην οποία πήραν μέρος γαλέρες.

Αιχμάλωτο πλήρωμα

Η χρυσή εποχή των Μπερμπερίνων κουρσάρων τελείωσε γύρω στο 1650. Αυτό όμως δεν σήμαινε ότι η Μεσόγειος ήταν πλέον ασφαλής.

Οι πειρατές των πόλεων-κρατών της Μπαρμπαριάς αξίωναν **χρηματική εγγύηση** από τα καράβια και σε αντάλλαγμα υπόσχονταν να μην ενοχλούν τα εμπορικά πλεούμενα. Το 1800, όταν ο ηγεμόνας της Τρίπολης ζήτησε περισσότερα χρήματα, η αμερικανική κυβέρνηση αποφάσισε να στείλει ένα στόλο πολεμικών πλοίων εναντίον των πειρατών. Στην αρχή, όλα πήγαν καλά. Τα αμερικανικά πολεμικά επέβαλαν **αποκλεισμό** στην Τρίπολη, εμποδίζοντας τους πειρατές να κινούνται στο λιμάνι.

Το Φιλαδέλφεια φλέγεται στο λιμάνι της Τρίπολης μετά την επιδρομή του Στίβεν Ντεκατούρ.

Το 1803, κατέφθασαν περισσότερα πολεμικά πλοία. Ένα από αυτά, το *Φιλαδέλφεια*, την ώρα που καταδίωκε ένα εχθρικό πλεούμενο, παγιδεύτηκε κοντά στις ακτές της Τρίπολης. Τα 300 μέλη του πληρώματός του αιχμαλωτίστηκαν. Οι πειρατές κυρίευσαν το πλοίο και άρχισαν να το τροποποιούν για δική τους χρήση.

Ο υποπλοίαρχος Στίβεν Ντεκατούρ (με στολή, πεσμένος στο κατάστρωμα) πολεμά το πλήρωμα ενός κανονιοφόρου από την Τρίπολη.

ΜΑ ΤΟΥΣ ΧΙΛΙΟΥΣ ΘΗΣΑΥΡΟΥΣ!

Μετά το τέλος του πολέμου, οι Ηνωμένες Πολιτείες δεν κατέβαλαν ποτέ ξανά χρηματική εγγύηση στην Τρίπολη. Δεν συνέβη όμως το ίδιο με άλλα κράτη.

Τότε, σε μια τολμηρή επιδρομή με επικεφαλής τον υποπλοίαρχο Στίβεν Ντεκατούρ το 1804, μια ομάδα Αμερικανών ναυτικών ανέβηκε κρυφά στο *Φιλαδέλφεια* και το πυρπόλησε βυθίζοντάς το. Μετά την καταστροφή του πλοίου, το πλήρωμα απελευθερώθηκε με αντάλλαγμα την επιστροφή των αιχμαλώτων που είχαν μεταφερθεί στις Ηνωμένες Πολιτείες. Οι δύο πλευρές υπέγραψαν συνθήκη ειρήνης το 1805.

Χαμιντού Ρέις: ο τελευταίος κουρσάρος

Η απειλή των Μπερμπερίνων κουρσάρων τελικά έπαψε το 1815.

Μερικά χρόνια πριν, ο Χαμιντού Ρέις είχε μετατρέψει το Αλγέρι σε ορμητήριο για τις επιθέσεις του κατά ξένων πλοίων. Από το 1797 έως το 1800 κατέλαβε 19 πλοία όντας σοβαρή απειλή στη δυτική Μεσόγειο. Σε αντίθεση με τους προκατόχους του, ο Χαμιντού δεν χρησιμοποιούσε γαλέρες αλλά ιστιοφόρα. Η **ναυαρχίδα** του ήταν εξοπλισμένη με 44 κανόνια και μετέφερε πλήρωμα 400 ανδρών.

Χαμιντού Ρέις

Γεννήθηκε: άγνωστη χρονολογία, στην Αλγερία
Πέθανε: το 1815, κοντά της ακτές της Ισπανίας
Επάγγελμα: Κουρσάρος

Στις μάχες ο Χαμιντού ήταν εξαιρετικά πανούργος. Το 1802, ύψωσε τη βρετανική σημαία στο καράβι του. Καθώς πλεύριζε ένα πορτογαλικό πλεούμενο, το πλήρωμά του πίστεψε ότι επρόκειτο για κάποιο φίλο. Παρόμοιο τέχνασμα είχε χρησιμοποιήσει και ο Αρούτζ Ρέις 300 χρόνια πριν, όταν έντυσε τους άνδρες του με τα ρούχα των αιχμαλώτων τους. Ο Χαμιντού κυρίευσε το πορτογαλικό καράβι και συνέχισε να κουρσεύει πλοία από τη Δανία, τη Σουηδία, την Ολλανδία, την Ιταλία, την Ελλάδα και την Αμερική.

Ο θάνατος του Χαμιντού Ρέις, που χτυπήθηκε από αμερικανικό μύδρο.

Το 1815, ένα αμερικανικό πολεμικό πλοίο εντόπισε τον Χαμιντού κοντά στις ακτές της Ισπανίας. Οι Αμερικανοί τον ξεγέλασαν χρησιμοποιώντας τη δική του συνήθη τακτική με τη βρετανική σημαία και έτσι ο κουρσάρος τούς επέτρεψε να πλησιάσουν. Στη μάχη που ακολούθησε, ο Χαμιντού σκοτώθηκε από **μύδρο**.

Βρετανικά και ολλανδικά πλοία βομβάρδισαν το Αλγέρι, την πρωτεύουσα της Αλγερίας, στις 27 Αυγούστου του 1816. Μετά την επίθεση, απελευθερώθηκαν γύρω στους 300 σκλάβους.

Ο Φράνσις Ντρέικ

και οι Πειρατές των Ισπανικών Αποικιών

ΠΕΡΙΕΧΟΜΕΝΑ

Οι πειρατές επιτίθενται!

Το 1579, ο Άγγλος καπετάνιος Φράνσις Ντρέικ αρμένιζε στον Ειρηνικό Ωκεανό με το καράβι του, τη Χρυσή Ελαφίνα.

Ο Ντρέικ ακολουθούσε την εντολή που είχε λάβει από τη βασίλισσα Ελισάβετ την Πρώτη να εξερευνήσει τη δυτική ακτή της Νότιας Αμερικής και να πραγματοποιήσει επιδρομές σε ισπανικά πλοία και **αποικίες**. Ο Ντρέικ καμάρωνε πως «όλα τα καράβια στον Ειρηνικό βρίσκονταν υπό την εξουσία του». Όταν έμαθε πως το ισπανικό **θησαυροφόρο πλοίο** *Κακαφουέγο* είχε σαλπάρει από το Περού φορτωμένο με χρυσό, ασήμι και κοσμήματα, το ακολούθησε.

➡ *Αν και ήταν πολύ μεγαλύτερο από τη* **Χρυσή Ελαφίνα**, *το* **Κακαφουέγο** *κυριεύτηκε εύκολα από τον Φράνσις Ντρέικ. Έτσι ο Άγγλος καπετάνιος έγινε πειρατής στα μάτια των Ισπανών και εθνικός ήρωας για τους Άγγλους.*

Ύστερα από επίμονη καταδίωξη, ο Ντρέικ πλεύρισε το *Κακαφουέγο*. Ο καπετάνιος του αρνήθηκε να παραδοθεί, έτσι οι Άγγλοι άνοιξαν πυρ εναντίον τους. Αλυσιδωτές βολές γκρέμισαν τη **μεντζάνα**, ενώ έπεφτε βροχή από βέλη. Τότε, 40 από τους άνδρες του Ντρέικ έκαναν **ρεσάλτο** στο ισπανικό καράβι.

ΜΑ ΤΟΥΣ ΧΙΛΙΟΥΣ ΘΗΣΑΥΡΟΥΣ!

Ο Ντρέικ επέστρεψε στην Αγγλία το 1580, όπου τον υποδέχθηκαν σαν ήρωα. Κράτησε ένα μέρος του ισπανικού θησαυρού για τον ίδιο, ενώ ένα άλλο το μοίρασε στο πλήρωμά του. Το μεγαλύτερο μερίδιο παραδόθηκε στη βασίλισσα Ελισάβετ.

Το *Κακαφουέγο* έπεσε γρήγορα στα χέρια του Ντρέικ, μαζί με έναν αμύθητο θησαυρό. Ήταν τέτοια η ποσότητα των λαφύρων, που χρειάστηκαν τρεις μέρες για να μεταφερθούν στη *Χρυσή Ελαφίνα*. Το φορτίο περιελάμβανε 13 κιβώτια με ασημένια **ρεάλ** (ισπανικά νομίσματα), 25 τόνους ασημένιων ράβδων, 36 κιλά χρυσό και αμέτρητα κοσμήματα.

Οι Πειρατές των Ισπανικών Αποικιών: 1550-1600

Το 16ο αιώνα, η Ισπανία έλεγχε μεγάλο μέρος της Κεντρικής Αμερικής και της βόρειας ακτής της Νότιας Αμερικής, καθώς και αρκετά νησιά της Καραϊβικής.

Αυτή η αχανής περιοχή προσαρτήθηκε στην Ισπανική Αυτοκρατορία. Ήταν πλούσια σε ασήμι, χρυσό και πολύτιμους λίθους, τα οποία μετέφεραν στην Ισπανία πολλοί στόλοι εμπορικών πλοίων. Οι Ισπανοί αποκαλούσαν τις υπερπόντιες κτήσεις τους με διάφορα ονόματα, ένα από τα οποία ήταν και «Νέα Ισπανία».

ΜΑ ΤΟΥΣ ΧΙΛΙΟΥΣ ΘΗΣΑΥΡΟΥΣ!

Οι ισπανικές αποικίες περιελάμβαναν την Κεντρική και Νότια Αμερική, καθώς και τα νησιά της Καραϊβικής. Οι Ισπανοί αποκαλούσαν την περιοχή *Ηπειρωτική Χώρα* (Tierra Firme).

Η ισπανική αυτοκρατορία στην Αμερική κάλυπτε μεγάλη έκταση ξηράς και θάλασσας, προσφέροντας πλούσια λεία στους πειρατές.

Από το 1550 περίπου ως το 1600, οι ισπανικές αποικίες ήταν το **λημέρι** των «θαλασσόλυκων» από την Αγγλία, τη Γαλλία και την Ολλανδία. Πολλοί, όπως ο Φράνσις Ντρέικ, πήγαν εκεί με άδεια των κυβερνήσεών τους για να λεηλατήσουν τα θησαυροφόρα πλοία και τις πόλεις. Θεωρούσαν τους εαυτούς τους καταδρομείς, αλλά για τους Ισπανούς δεν ήταν παρά πειρατές. Τα πλούτη που εποφθαλμιούσαν και οι δύο πλευρές ήταν αμύθητα. Η Ισπανία λεηλατούσε τους θησαυρούς των αποικιών της και οι καταδρομείς, ή πειρατές, έκλεβαν το θησαυρό από τους Ισπανούς.

ΟΙ ΠΕΡΙΒΟΗΤΟΙ ΠΕΙΡΑΤΕΣ ΤΩΝ ΙΣΠΑΝΙΚΩΝ ΑΠΟΙΚΙΩΝ

Φράνσις Ντρέικ

Έδρασε ως καταδρομέας και πειρατής μεταξύ 1570-1596

Τζον Χόκινς

Έδρασε ως καταδρομέας και πειρατής μεταξύ 1562-1595

Ρίτσαρντ Γκρένβιλ

Έδρασε ως καταδρομέας και πειρατής μεταξύ 1586-1591

Ζαν Μποντάν

Έδρασε ως καταδρομέας και πειρατής μεταξύ 1567-1570

Τόμας Κάβεντις

Έδρασε ως καταδρομέας και πειρατής μεταξύ 1586-1592

Ζαν Φλερί

Έδρασε ως καταδρομέας και πειρατής μεταξύ 1523-1527

Καταδρομείς και πειρατές

Όταν ο Φράνσις Ντρέικ κυρίευσε την ισπανική θησαυροφόρο γαλέρα Κακαφουέγο το 1579, οι Ισπανοί τον αποκάλεσαν πειρατή.

Ο Ντρέικ δεν θεωρούσε τον εαυτό του πειρατή. Άλλωστε, δεχόταν εντολές από τη βασίλισσα Ελισάβετ να πραγματοποιεί επιδρομές σε πλοία και πόλεις που ανήκαν στον ιστορικό εχθρό της Αγγλίας, την Ισπανία. Ο Ντρέικ ήταν για τους Άγγλους καταδρομέας. Ενώ ο πειρατής δούλευε για λογαριασμό του και εφορμούσε εναντίον όσων πλοίων ήθελε, ο καταδρομέας βρισκόταν στην υπηρεσία της πατρίδας του και στρεφόταν μόνο κατά των εχθρών της χώρας του. Ο Ντρέικ ήταν ένας από τους πολλούς Άγγλους, Γάλλους και Ολλανδούς καταδρομείς που άνοιξαν πανιά για τις ισπανικές αποικίες σε αναζήτηση θησαυρών τόσο για τους ίδιους όσο και για τους ηγεμόνες τους.

Η Μεγάλη Σφραγίδα της βασίλισσας Ελισάβετ της Πρώτης χρησιμοποιούνταν όταν έπρεπε να σφραγιστούν επίσημα έγγραφα, όπως η Επιστολή Διαπίστευσης που εκδιδόταν για τους καταδρομείς. Η σφραγίδα ήταν απόδειξη της επισημότητας του εγγράφου.

Στο μεγαλύτερο μέρος της βασιλείας της (1558-1603), η βασίλισσα Ελισάβετ βρισκόταν σε πόλεμο με την Ισπανία. Στήριζε τους Άγγλους καταδρομείς δίνοντάς τους την άδεια να επιτίθενται σε ισπανικά καράβια και πόλεις.

Οι καταδρομείς παραλάμβαναν **Επιστολές Διαπίστευσης** από τους μονάρχες τους. Επρόκειτο για άδειες που τους εξουσιοδοτούσαν να πραγματοποιούν επιδρομές κατά εχθρικών πλοίων και πόλεων. Επειδή βρίσκονταν στην υπηρεσία των ηγεμόνων τους, οι καταδρομείς συμφωνούσαν να τους παραδίδουν τα λάφυρα που εξασφάλιζαν. Σε αντάλλαγμα, μπορούσαν να κρατήσουν οι ίδιοι μέρος της λείας.

ΜΑ ΤΟΥΣ ΧΙΛΙΟΥΣ ΘΗΣΑΥΡΟΥΣ!

Την εποχή της βασίλισσας Ελισάβετ, πολλοί Άγγλοι θαλασσόλυκοι δεν διέθεταν άδεια καταδρομέα. Ο Φράνσις Ντρέικ ήταν ένας από αυτούς. Έκανε επιδρομές γνωρίζοντας πως είχε την απόλυτη στήριξη της βασίλισσάς του, είτε διέθετε επίσημη εξουσιοδότησή της είτε όχι!

Η αγγλική κυβέρνηση φύλαγε τους θησαυρούς που έφερναν οι καταδρομείς στον Πύργο του Λονδίνου, ένα φρούριο στην καρδιά της πρωτεύουσας της Αγγλίας.

Θησαυροφόρα γαλιόνια

Οι θησαυροί των ισπανικών αποικιών μεταφέρονταν στην Ισπανία με εμπορικά πλοία γνωστά ως γαλιόνια.

Ήταν τα υπερωκεάνια της εποχής: είχαν τρία κατάρτια, τετράγωνα πανιά και πολλά καταστρώματα. Κάτω από την **ίσαλο γραμμή** βρίσκονταν τα αμπάρια, όπου αποθηκεύονταν τα αγαθά σε κιβώτια και βαρέλια. Ο χρυσός, το ασήμι και τα κοσμήματα φυλάσσονταν στο θησαυροφυλάκιο, το φρούριο του καραβιού.

Σε κάθε άκρο του γαλιονιού υπήρχε ένα υπερυψωμένο τμήμα, γνωστό και ως «στέγη». Το **πρόστεγο** βρισκόταν στην πλώρη, στο μπροστινό μέρος δηλαδή, και το **επίστεγο** στην πρύμνη, δηλαδή στο πίσω μέρος. Οι στέγες ήταν πολεμικές πλατφόρμες από τις οποίες οι στρατιώτες σημάδευαν τον εχθρό με τόξα και **βαλλίστρες**.

Το γαλιόνι σε μια ματιά

Μήκος: 30 με 45 μέτρα

Πλάτος: 12 με 15 μέτρα

Βάρος: 200 με 1.000 τόνοι

Ταχύτητα: 8 κόμβοι (15 χιλιόμετρα την ώρα)

Πλήρωμα: έως 200 άτομα

Κανόνια: 20 με 50

Με τις υπερυψωμένες στέγες, τις ψηλές πλευρές και τα πολλά όπλα, τα γαλιόνια ήταν πολύ βαριά πλοία. Δύσκολα ελίσσονταν και εύκολα τα χτυπούσε η θάλασσα. Πολλά γαλιόνια χάθηκαν σε καταιγίδες και αρκετά από πειρατές.

Το γαλιόνι ήταν σχεδιασμένο να μεταφέρει διάφορα αγαθά, από αντικείμενα καθημερινής χρήσης μέχρι θησαυρούς. Τα φορτία αυτά αποθηκεύονταν στα αμπάρια.

Ισπανικά θησαυροφόρα γαλιόνια

Ενώ οι πειρατές επιδίδονταν σε λεηλασίες στις ισπανικές αποικίες, η Ισπανία αναζητούσε τρόπους να προστατεύσει τα πλοία και τις αποικίες της.

Χτίστηκαν φρούρια για να προφυλάσσουν τα λιμάνια και τα δεμένα πλοία στα λιμάνια, ωστόσο κάτι έπρεπε να γίνει και για τα καράβια που αρμένιζαν στις θάλασσες. Από τη δεκαετία του 1520, τα ισπανικά γαλιόνια επέστρεφαν στην Ισπανία μαζί με ολόκληρο στόλο, φρουρούμενα από πολεμικά πλοία. Κάθε στόλος μπορεί να συνόδευε 20 και πλέον θησαυροφόρα γαλιόνια, τα οποία προστατεύονταν από βαριά οπλισμένα συνοδευτικά πλοία.

Ο Ρίτσαρντ Γκρένβιλ και το πλήρωμά του επιτίθενται στο Εκδίκηση το 1591. Οι αντίπαλοι υπερτερούσαν αριθμητικά, οπότε αναγκάστηκε να παραδοθεί. Πέθανε δύο μέρες αργότερα.

⬆ *Με τη συνοδεία πολεμικών πλοίων, οι ισπανικοί θησαυροφόροι στόλοι διέσχιζαν τον Ατλαντικό Ωκεανό μεταφέροντας πολύτιμα φορτία στην Ισπανία.*

Τα ισπανικά θησαυροφόρα πλοία ήταν φορτωμένα με ασήμι από το Μεξικό και το Περού, χρυσάφι από τον Ισημερινό, σμαράγδια από την Κολομβία και μαργαριτάρια από τη Βενεζουέλα. Αφού συνέλεγαν το φορτίο τους, συναντιόνταν στην Αβάνα της Κούβας και ξεκινούσαν για το μακρύ ταξίδι μέχρι την Ισπανία. Πολύ δύσκολα πειρατικό καράβι αποτολμούσε επίθεση σε στόλο, αφού οι αντίπαλοί του ήταν αριθμητικά περισσότεροι και καλύτερα οπλισμένοι. Το μόνο που εύχονταν οι πειρατές ήταν να αποκοπεί κάποιο γαλιόνι από το στόλο, όπως συνέβη το 1585, όταν ο Ρίτσαρντ Γκρένβιλ αιχμαλώτισε το *Σάντα Μαρία*, με θησαυρό αξίας 50.000 λιρών.

ΜΑ ΤΟΥΣ ΧΙΛΙΟΥΣ ΘΗΣΑΥΡΟΥΣ!

Μέσα σε τέσσερα μόλις χρόνια, μεταξύ 1596 και 1600, τα ισπανικά πλοία μετέφεραν θησαυρούς αξίας μεγαλύτερης των 34 εκατομμυρίων **πέσος**, δηλαδή άνω των 516 εκατομμυρίων σημερινών λιρών (ή 583 εκατομμυρίων ευρώ)!

Ζαν Φλερί: ο επιδρομέας του Ατλαντικού

Όνειρο των πειρατών και στις δύο πλευρές του Ατλαντικού ήταν να καταλάβουν ένα ισπανικό θησαυροφόρο πλοίο.

Το όνειρο του Γάλλου πειρατή Ζαν Φλερί πραγματοποιήθηκε το 1523. Όταν εντόπισε τρία ισπανικά γαλιόνια κοντά στα παράλια των Αζορών (συστάδα νησιών στη μέση του Ατλαντικού Ωκεανού), άρχισε την επίθεσή του. Ήξερε ότι διένυαν το τελευταίο στάδιο του ταξιδιού τους στην Ισπανία, αλλά δεν είχε ιδέα για το τι μετέφεραν.

Αζτέκοι χρυσοχόοι φιλοτεχνούσαν εξαίσια αντικείμενα, όπως αυτή τη μάσκα. Οι Ισπανοί έλιωναν το χρυσάφι των Αζτέκων και το μετέτρεπαν σε ράβδους και νομίσματα.

Ζαν Φλερί (ή Φλορέν)

Γεννήθηκε: άγνωστη χρονολογία, στη Γαλλία
Πέθανε: Απαγχονίστηκε το 1527, στην Ισπανία
Επάγγελμα: Πειρατής και καταδρομέας

Έπειτα από επίμονη καταδίωξη και μια μάχη ανοιχτά των ακτών της νότιας Πορτογαλίας, ο Φλερί κυρίευσε δύο από τα τρία γαλιόνια. Δεν μπορούσε να πιστέψει την τύχη του όταν αντίκρισε το φορτίο τους. Τα πλοία μετέφεραν θησαυρό του Μοκτεσούμα, του τελευταίου Αζτέκου κυβερνήτη του Μεξικού.

Επρόκειτο για ένα τεράστιο φορτίο από χρυσές ράβδους, χρυσόσκονη, μαργαριτάρια, σμαράγδια και κοσμήματα. Το 1527, ο Φλερί αιχμαλωτίστηκε και πωλήθηκε στο βασιλιά της Ισπανίας, ο οποίος διέταξε την άμεση εκτέλεσή του.

ΜΑ ΤΟΥΣ ΧΙΛΙΟΥΣ ΘΗΣΑΥΡΟΥΣ!

Το φορτίο του Φλερί περιελάμβανε επίσης παπαγάλους και ιαγουάρους, αλλά και αρκετούς τόνους ζάχαρη, η οποία ήταν τότε εξίσου πολύτιμη με το χρυσάφι.

Κανείς δεν σάστισε περισσότερο μπροστά στη θέα του αμύθητου θησαυρού από τον ίδιο τον Ζαν Φλερί.

Δουβλόνια και ισπανικά δολάρια

Το 1545, Ισπανοί εξερευνητές ανακάλυψαν πως ένα βουνό στο Ποτοσί της Βολιβίας περιείχε τεράστιες ποσότητες ασημιού μεγάλης αξίας.

Οι Ισπανοί διεκδίκησαν το ασήμι και ανάγκασαν τους ντόπιους να το εξορύξουν. Πριν το μεταφέρουν στην Ισπανία, το μετέτρεψαν σε βαριές ράβδους ή το έκοψαν σε νομίσματα.

ΜΑ ΤΟΥΣ ΧΙΛΙΟΥΣ ΘΗΣΑΥΡΟΥΣ!

Το 1644, το **ισπανικό δολάριο** ήταν ίσο με 4 αγγλικά σελίνια και 6 πένες. Η σημερινή αντιστοιχία είναι περίπου 17 ευρώ.

Κασέλα που χρησιμοποιούσαν οι Ισπανοί για τη μεταφορά του ασημιού. Ήταν φτιαγμένη από ξύλο δεμένο με σίδερο, και ασφαλιζόταν με λουκέτα.

Όσο πιο πολλοί τόσο το καλύτερο. Όταν ο θησαυροφόρος στόλος των Ισπανών σάλπαρε για την πατρίδα, συνοδευόταν από πολεμικά πλοία. Αν μια καταιγίδα σκόρπιζε το στόλο, τότε τα θησαυροφόρα γαλιόνια γίνονταν πιο ευάλωτα στις επιθέσεις.

Ισπανικό ασημένιο πέσο, γνωστό στους πειρατές ως ισπανικό δολάριο.

Οι Ισπανοί αποκαλούσαν τα ασημένια νομίσματά τους πέσος ή ρεάλες. Το καθένα έφερε χαραγμένο τον αριθμό 8, που σήμαινε ότι η αξία του ήταν ισοδύναμη με 8 ρεάλ. Οι πειρατές τούς είχαν δώσει άλλο όνομα: ισπανικά δολάρια. Τα πιο ακριβά ισπανικά νομίσματα ήταν φτιαγμένα από χρυσό, το οποίο οι Ισπανοί εξόρυσσαν από ορυχεία της Κολομβίας και του Μεξικού. Το χρυσό νόμισμα ήταν το εσκούδο, το οποίο οι πειρατές αποκαλούσαν **δουβλόνι**.

Έχει υπολογιστεί πως ο θησαυρός ενός ισπανικού θησαυροφόρου πλοίου αποτελούνταν από 80% ασήμι και 20% χρυσάφι. Ο πειρατής που θα κατόρθωνε να αρπάξει μόνο μια χούφτα δουβλόνια ή ισπανικά δολάρια γινόταν πλούσιος, αλλά φαντάσου τον πλούτο που θα είχε αν κυρίευε θησαυροφόρο πλοίο με όλο του το θησαυρό!

Τζον Χόκινς: ο έμπορος σκλάβων

Οι Ισπανοί ήθελαν να ελέγχουν τους εμπόρους που προμήθευαν αγαθά τις ισπανικές αποικίες. Η συγκεκριμένη περιοχή ήταν το λημέρι τους, οπότε αυτοί αποφάσιζαν με ποιους θα συναλλάσσονταν.

Αν και η Ισπανία με την Αγγλία ήταν εχθροί, υπήρχε πιθανότητα Άγγλοι έμποροι να συνεργάζονται με Ισπανούς, αν και έπρεπε πρώτα να λάβουν την άδεια της ισπανικής κυβέρνησης. Ο Τζον Χόκινς δεν είχε άδεια, ωστόσο έκανε συναλλαγές με τις ισπανικές αποικίες.

Τζον Χόκινς

Γεννήθηκε: το 1532, στην Αγγλία
Πέθανε: το 1595, κοντά στις ακτές του Πουέρτο Ρίκο
Επάγγελμα: Καταδρομέας, πειρατής, έμπορος σκλάβων και ναυτικός διοικητής

Ο Τζον Χόκινς ήταν ο πρώτος Άγγλος καταδρομέας που πραγματοποίησε επιδρομές στις ισπανικές αποικίες.

Ο Χόκινς ήταν Άγγλος έμπορος σκλάβων. Συνέλεξε το πρώτο ανθρώπινο φορτίο του το 1562, όταν επιτέθηκε σε πορτογαλικά πλοία που μετέφεραν σκλάβους από τις ακτές της δυτικής Αφρικής. Έτσι έγινε πειρατής. Πούλησε τους 300 Αφρικανούς σκλάβους σε Ισπανούς αποίκους στο νησί Ισπανιόλα με αντάλλαγμα χρυσό, ασήμι και μαργαριτάρια. Ο Χόκινς πραγματοποίησε άλλο ένα ταξίδι το 1564, με λάφυρο εκατοντάδες Αφρικανούς τους οποίους άρπαξε ξανά από τους Πορτογάλους. Και αυτό το εγχείρημα στέφθηκε με επιτυχία.

🡅 *Το Ιησούς του Λιούμπεκ ήταν ένα βασιλικό πλοίο που είχε δανείσει η βασίλισσα Ελισάβετ στον Χόκινς. Επρόκειτο για ένα μεγάλο, βαρύ πλεούμενο, το οποίο ο Χόκινς χρησιμοποιούσε για τις μεταφορές Αφρικανών σκλάβων.*

Στο επόμενο ταξίδι του Χόκινς, όμως, η τύχη δεν ήταν με το μέρος του. Το 1568, ο στόλος των καραβιών του δέχθηκε επίθεση από ισπανικά γαλιόνια στο λιμάνι του Σαν Χουάν ντε Ουλούα, στο Μεξικό. Μόνο δύο από τα πλοία του κατάφεραν να διαφύγουν: το *Μίνιον*, με καπετάνιο τον Χόκινς, και το *Τζούντιθ*, με επικεφαλής τον ξάδελφό του Φράνσις Ντρέικ.

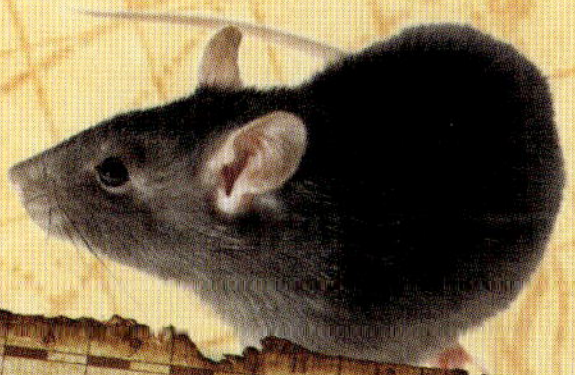

ΜΑ ΤΟΥΣ ΧΙΛΙΟΥΣ ΘΗΣΑΥΡΟΥΣ!

Ο Χόκινς λίγο έλειψε να μη φτάσει στην Αγγλία. Το *Μίνιον* έμπαζε από παντού και τα τρόφιμα ήταν λίγα. Από τα 100 μέλη του πληρώματος, μόνο 15 επέστρεψαν στην Αγγλία. Είχαν επιβιώσει τρώγοντας αρουραίους και παπαγάλους.

Τα όπλα των καταδρομέων

Το βασικό όπλο ενός καταδρομέα ήταν το πλοίο του. Συνήθως επρόκειτο για πολεμικό πλοίο, μικρότερο από ισπανικό γαλιόνι, και εξοπλισμένο με 20 όπλα διαφόρων μεγεθών.

Υπήρχαν μεγάλα κανόνια που ανατίναζαν εχθρικά πλοία και λιμάνια με βαρύτατους μύδρους, καθώς και μικρότερα, περιστρεφόμενα πυροβόλα που σημάδευαν εχθρικά πληρώματα με χοντρά **σκάγια**.

Η βαλλίστρα εκτόξευε ένα κοντό βέλος με μεταλλική αιχμή.

Το μουσκέτο έριχνε ένα μικρό μολύβδινο βλήμα τη φορά και δεν ήταν ιδιαίτερα ακριβές. Ένας έμπειρος μουσκετοφόρος πυροβολούσε περίπου δύο φορές το λεπτό.

Για στόχους σε κοντινή απόσταση, το πλήρωμα χρησιμοποιούσε βαλλίστρες και **μουσκέτα**. Τα μουσκέτα ήταν μακρύκαννα όπλα που εκτόξευαν βλήματα από ατόφιο μόλυβδο σε απόσταση 82 μέτρων. Αν η μάχη μεταφερόταν πάνω στο πλοίο, τα πληρώματα επέλεγαν **σπάθες**, στιλέτα και κοντά ακόντια. Το ακόντιο ήταν ένα κοντάρι με αιχμηρή μεταλλική απόληξη, το οποίο χρησιμοποιούσαν για να κεντρίζουν τον εχθρό.

Στις χερσαίες μάχες οι καταδρομείς χρησιμοποιούσαν μακριά ακόντια, μήκους 5,5 μέτρων, και **αλαβάρδες**. Η αλαβάρδα ήταν ένα αιχμηρό τσεκούρι στην άκρη ενός κονταριού. Ορισμένοι φορούσαν μεταλλικές πανοπλίες που κάλυπταν το στήθος και την πλάτη τους, αλλά οι περισσότεροι προστατεύονταν με γιλέκα που είχαν δερμάτινη επένδυση.

Οπλισμένη με σπαθιά, αλαβάρδες και κοντά κοντάρια, μια ομάδα καταδρομέων επιτίθεται σε οικισμό αναζητώντας λάφυρα.

ΜΑ ΤΟΥΣ ΧΙΛΙΟΥΣ ΘΗΣΑΥΡΟΥΣ!

Οι μύδροι ήταν φτιαγμένοι από ατόφια πέτρα ή σίδερο. Οι μικρότεροι είχαν το μέγεθος μιας μπάλας του τένις και ζύγιζαν γύρω στα 450 γραμμάρια. Ο μεγαλύτερος ήταν λίγο μικρότερος από μια μπάλα ποδοσφαίρου και ζύγιζε γύρω στα 29 κιλά.

Φράνσις Ντρέικ: ο πειρατής της βασίλισσας

Ο Φράνσις Ντρέικ ήταν ο πιο διάσημος Άγγλος θαλασσόλυκος στις ισπανικές αποικίες.

Η πρώτη επαφή του Ντρέικ με τις ισπανικές αποικίες έγινε με το εμπόριο σκλάβων του ξαδέλφου του Τζον Χόκινς. Μετά τη μάχη με τους Ισπανούς που είχε ως κατάληξη την πανωλεθρία του αγγλικού στόλου το 1568, το μόνο που σκεφτόταν ο Ντρέικ ήταν η εκδίκηση.

Η βασίλισσα Ελισάβετ αποκαλούσε τον Φράνσις Ντρέικ «πειρατή μου». Το 1581, ανέβηκε στη Χρυσή Ελαφίνα *και τον έχρισε ιππότη. Από τότε ο πειρατής λεγόταν Σερ Φράνσις Ντρέικ.*

Μεταξύ του 1570 και του 1573, ο Ντρέικ επιτέθηκε σε πολλά ισπανικά πλοία και λιμάνια. Το Φεβρουάριο του 1573, επιχείρησε να αποσπάσει ένα φορτίο με ασήμι που μεταφερόταν σε αγκυροβολημένα ισπανικά θησαυροφόρα πλοία, όμως η επίθεση απέτυχε. Ξαναπροσπάθησε αργότερα τον ίδιο χρόνο. Ήταν τόσο το χρυσάφι και το ασήμι που λεηλάτησε, ώστε στάθηκε αδύνατο να μεταφέρει ολόκληρο το φορτίο και έτσι πήρε μόνο το χρυσό. Στην Αγγλία, ο Ντρέικ θεωρούνταν ήρωας και είχε την εύνοια της βασίλισσας Ελισάβετ.

Το 1577, ο Ντρέικ έβαλε πλώρη για τις ισπανικές αποικίες με τη *Χρυσή Ελαφίνα*, έχοντας λάβει εντολή από τη βασίλισσα να λεηλατήσει ισπανικούς θησαυρούς. Ήταν το διασημότερο ταξίδι του και κράτησε τρία χρόνια. Το Μάρτιο του 1579, ο Ντρέικ κυρίευσε το θησαυροφόρο πλοίο *Κακαφονέγο* και ύστερα σάλπαρε για την Αγγλία. Ακολούθησε τη μακρύτερη διαδρομή και κατέληξε να κάνει το γύρο του κόσμου!

Φράνσις Ντρέικ

Γεννήθηκε: το 1540, στην Αγγλία
Πέθανε: το 1596, στο λιμάνι του Πόρτο Μπέλο, στον Παναμά
Επάγγελμα: Καταδρομέας, πειρατής, ναυτικός διοικητής και εξερευνητής

Ο Φράνσις Ντρέικ ήταν ο πρώτος Άγγλος που έκανε το γύρο του κόσμου. Το ταξίδι της Χρυσής Ελαφίνας διήρκεσε τρία χρόνια, από το 1577 έως το 1580.

Η Χρυσή Ελαφίνα

Το μικρό πλοίο που οδήγησε τον Φράνσις Ντρέικ στην επιτυχία, αρχικά στις ισπανικές αποικίες και έπειτα στο γύρο του κόσμου, αρχικά ονομαζόταν Πελεκάνος.

Ο *Πελεκάνος* σάλπαρε από το Πλίμουθ της Αγγλίας το Δεκέμβριο του 1577. Οκτώ μήνες αργότερα, και ενώ ο Ντρέικ ετοιμαζόταν να περιπλεύσει το άκρο της Νότιας Αμερικής, έδωσε στο πλοίο του καινούριο όνομα: *Χρυσή Ελαφίνα*.

Η Χρυσή Ελαφίνα σε μια ματιά

Μήκος: 21 μέτρα

Πλάτος: 6 μέτρα

Βάρος: 100 τόνοι

Ταχύτητα: 8 κόμβοι (15 χιλιόμετρα την ώρα)

Πλήρωμα: 80 άτομα

Κανόνια: 18

Η *Χρυσή Ελαφίνα* ήταν πολεμικό πλοίο, μικρότερο σε μέγεθος από ισπανικό γαλιόνι. Σε αντίθεση με τα ογκώδη γαλιόνια, που είχαν ψηλές πλευρές και στέγες δεξιά και αριστερά, η *Χρυσή Ελαφίνα* ήταν χαμηλότερη και πιο ευέλικτη, γρηγορότερη από γαλιόνι και ευκολότερη στον χειρισμό.

ΜΑ ΤΟΥΣ ΧΙΛΙΟΥΣ ΘΗΣΑΥΡΟΥΣ!

Σήμερα, το μόνο που έχει απομείνει από τη *Χρυσή Ελαφίνα* είναι μια δρύινη καρέκλα φτιαγμένη από τα ξύλα της. Βρίσκεται στη Βοδληινή Βιβλιοθήκη της Οξφόρδης, στην Αγγλία.

Ο Ντρέικ άλλαξε το όνομα του πλοίου του σε Χρυσή Ελαφίνα *προς τιμήν του Σερ Κρίστοφερ Χάτον, ενός πολιτικού που είχε χρηματοδοτήσει το ταξίδι του Ντρέικ. Το έμβλημα του Χάτον περιελάμβανε μια χρυσή ελαφίνα, που ενέπνευσε τον Ντρέικ.*

Η *Χρυσή Ελαφίνα* ήταν το πρώτο αγγλικό πλοίο που έκανε το γύρο του κόσμου και έγινε το ίδιο διάσημο με τον καπετάνιο του. Όταν εκτέθηκε στο Ντέπφορντ, κοντά στο Λονδίνο, η βασίλισσα ανέβηκε πάνω του για να χρίσει τον Φράνσις Ντρέικ ιππότη το 1581. Στα τέλη του 17ου αιώνα, η *Χρυσή Ελαφίνα* βρισκόταν ήδη υπό διάλυση. Τα σαπισμένα ξύλα της δεν μπορούσαν πια να επισκευαστούν και έτσι τεμαχίστηκε.

Το τελευταίο ταξίδι του Ντρέικ

Ο Φράνσις Ντρέικ άνοιξε πανιά για τις ισπανικές αποικίες για τελευταία φορά το 1595. Αυτό έμελλε να είναι το τελευταίο ταξίδι και του Τζον Χόκινς.

Τα δύο ξαδέλφια ήταν από κοινού επικεφαλής της αποστολής. Πήραν μαζί τους 26 πλοία και 2.500 άνδρες. Σχεδίαζαν να λεηλατήσουν ισπανικούς θησαυρούς, αλλά δεν τα κατάφεραν. Ο Ντρέικ και ο Χόκινς μάλωναν από την πρώτη στιγμή. Ο Ντρέικ ήθελε να επιτεθεί στα Κανάρια Νησιά, ανοιχτά των ακτών της βόρειας Αφρικής, ο Χόκινς όμως διαφωνούσε. Ο Ντρέικ επιβλήθηκε στη διαμάχη, αλλά η επίθεση απέτυχε και κάποιοι από τους άνδρες του αιχμαλωτίστηκαν. Αυτοί αποκάλυψαν στους Ισπανούς το σχέδιο του Ντρέικ να πραγματοποιήσει επιδρομή στις ισπανικές αποικίες.

Ώσπου να φθάσει ο αγγλικός στόλος στις αποικίες, οι Ισπανοί τούς περίμεναν ήδη. Ο Ντρέικ ήθελε να επιτεθούν αμέσως στο Πουέρτο Ρίκο, αλλά ο Χόκινς πίστευε ότι θα ήταν καλύτερα να περιμένουν. Ο Χόκινς ήταν άρρωστος και πέθανε ενώ τα πλοία παρέμεναν αγκυροβολημένα.

ΜΑ ΤΟΥΣ ΧΙΛΙΟΥΣ ΘΗΣΑΥΡΟΥΣ!

Ο Ντρέικ διέταξε τους άνδρες του να τον θάψουν στη στεριά, αλλά εκείνοι τον αγνόησαν. Έβαλαν τη σορό του σε μολύβδινο φέρετρο και τον έθαψαν στη θάλασσα, μια μέρα μετά το θάνατό του.

Ο Ντρέικ, αμετακίνητος, πραγματοποίησε την επίθεσή του, αλλά οι Ισπανοί τον απέκρουσαν. Αναζήτησε θησαυρό και σε άλλα μέρη, μάταια όμως. Η **δυσεντερία** σκότωσε πολλούς άνδρες του. Τον Ιανουάριο του 1596 ο Ντρέικ πέθανε και αυτός από την ίδια ασθένεια. Με τους επικεφαλής του νεκρούς, ο στόλος επέστρεψε στην Αγγλία.

Η επίθεση του Ντρέικ απέτυχε παταγωδώς, αφού το ισπανικό φρούριο του Πουέρτο Ρίκο ήταν σχεδόν απόρθητο.

Ζαν Μποντάν: Ο Γάλλος πειρατής

Στις ισπανικές αποικίες ταξίδεψαν και πειρατές από τη Γαλλία και την Ολλανδία.

Ένας από αυτούς ήταν και ο Γάλλος Ζαν Μποντάν. Το επίθετό του ήταν παρατσούκλι που σήμαινε «ο άνθρωπος της καλοκαιρίας». Το 1567 πήγε στη δυτική Αφρική με το πλοίο του και περισυνέλεξε ανθρώπινο φορτίο. Επιχείρησε να πουλήσει τους σκλάβους στη Βενεζουέλα, αλλά οι Ισπανοί άποικοι αρνήθηκαν να συνεργαστούν μαζί του. Άνοιξε τότε πανιά για την Κολομβία και στη διαδρομή κούρσεψε ένα ισπανικό θησαυροφόρο γαλιόνι.

Ζαν Μποντάν

Γεννήθηκε: άγνωστη χρονολογία, στη Γαλλία
Πέθανε: το 1570, εν ώρα δράσης στο Κουρασάο
Επάγγελμα: Πειρατής

Αφρικανοί σκλάβοι, οι οποίοι το 16ο αιώνα μεταφέρονταν στην άλλη όχθη του Ατλαντικού για να πωληθούν σε Ισπανούς γαιοκτήμονες.

Τελικά ο Μποντάν κατάφερε να πουλήσει τους σκλάβους του στην Κολομβία, αφού πρώτα απείλησε ότι θα τους σκότωνε αν οι Κολομβιανοί δεν διαπραγματεύονταν μαζί του. Κατά την επιστροφή στη Γαλλία, ο Μποντάν επιτέθηκε σε ισπανικές πόλεις στην Ισπανιόλα και κυρίευσε πολλά πλοία. Το ταξίδι αποδείχθηκε εξαιρετικά επικερδές, η καλοτυχία του όμως δεν έμελλε να κρατήσει πολύ.

ΜΑ ΤΟΥΣ ΧΙΛΙΟΥΣ ΘΗΣΑΥΡΟΥΣ!

Μετά το θάνατό του, οι Ισπανοί αποκεφάλισαν τον Ζαν Μποντάν και μετέφεραν το κεφάλι του ως τρόπαιο στην Ισπανιόλα.

Το 1572, ο Μποντάν επιτέθηκε στο ισπανικό νησί Κουρασάο, ανοιχτά της βόρειας ακτής της Βενεζουέλας. Στην επιδρομή έλαβαν μέρος περίπου 70 άνδρες. Έβρεχε καταρρακτωδώς και το **μπαρούτι** είχε υγρανθεί, με αποτέλεσμα να μην μπορούν να το χρησιμοποιήσουν. Ο Μποντάν σκοτώθηκε. Το παρατσούκλι του δεν τον είχε ευνοήσει, μιας και ο καιρός συνέβαλε στο θάνατό του.

Ένα βέλος βρήκε τον Ζαν Μποντάν στο λαιμό σκοτώνοντάς τον ακαριαία.

Ο Γουίλιαμ Κιντ

και οι Πειρατές του Ινδικού Ωκεανού

ΠΕΡΙΕΧΟΜΕΝΑ

Οι πειρατές επιτίθενται!

Ο Γουίλιαμ Κιντ έπρεπε κανονικά να καταδιώκει πειρατές στον Ινδικό Ωκεανό, κατέληξε όμως να γίνει και ο ίδιος πειρατής!

Καθώς κατεύθυνε τη *Γαλέρα της Περιπέτειας* προς το μεγάλο εμπορικό πλοίο που περιέπλεε τη δυτική ακτή της Ινδίας, σίγουρα δεν φανταζόταν ότι τον περίμενε ο μεγαλύτερος θησαυρός της πειρατικής καριέρας του.

Ήταν Ιανουάριος του 1698. Η *Γαλέρα της Περιπέτειας*, παρά τη σαπισμένη και τρύπια **γάστρα** της, ήταν έτοιμη να επιτεθεί στο *Έμπορος Κεντάχ*. Πλησιάζοντας ο Κιντ ύψωσε γαλλικές σημαίες. Επρόκειτο για ένα παλιό τέχνασμα, το οποίο όμως εξαπάτησε τον καπετάνιο και τον έκανε να πιστέψει ότι το πλοίο του Κιντ ήταν φιλικό. Ο πειρατής ανέβηκε στο *Έμπορος Κεντάχ* χωρίς να προηγηθεί σύγκρουση και είπε στον καπετάνιο του ότι καταλάμβανε το πλοίο του. Το καράβι μετέφερε πολύτιμο φορτίο με μετάξι, **κάμποτο**, ζάχαρη, σίδερο, όπλα και χρυσά νομίσματα.

Το πλοίο του Γουίλιαμ Κιντ* Γαλέρα της Περιπέτειας *προσεγγίζει το* Έμπορος Κεντάχ*, ένα ινδικό εμπορικό καράβι. Ο Κιντ πούλησε το μεγαλύτερο μέρος του φορτίου του έναντι 7.000 λιρών και κράτησε το πλοίο για τον εαυτό του.

Αφού πούλησε το φορτίο σε ένα λιμάνι της Ινδίας, ο Κιντ σάλπαρε με το *Έμπορος Κεντάχ* με προορισμό το πειρατικό καταφύγιο της Μαδαγασκάρης. Εκεί τοποθέτησε στο πλοίο τα κανόνια που είχε η *Γαλέρα της Περιπέτειας*, άλλαξε το όνομά του σε *Έπαθλο της Περιπέτειας* και το έκανε τη νέα ναυαρχίδα του.

Οι Πειρατές του Ινδικού: 1690-1720

Για τριάντα περίπου χρόνια, από το 1690 έως το 1720, ο Ινδικός Ωκεανός ήταν ο παράδεισος των πειρατών.

Ορισμένοι από τους πειρατές ήταν ντόπιοι, όπως ο Κονατζί Ανγκρία, που είχε το ορμητήριό του στη δυτική ακτή της Ινδίας. Άλλοι πειρατές προέρχονταν από την Ευρώπη, όπως ο Γουίλιαμ Κιντ, ο Έντουαρντ Ίνγκλαντ, ο Χένρι Έβερι και ο Τόμας Τιού. Κάποιοι, όπως ο Έντουαρντ Ίνγκλαντ, είχαν ξεκινήσει την πειρατεία στην Καραϊβική πριν μετακινηθούν προς τα ανατολικά. Οι Ευρωπαίοι πειρατές χρησιμοποιούσαν τη Μαδαγασκάρη και τη Ρεουνιόν, κοντά στις αφρικανικές ακτές, ως καταφύγιά τους, γιατί πρόσφεραν ασφαλή αγκυροβόλια στα πλοία τους και κρησφύγετα στους ίδιους.

Στις αρχές του 18ου αιώνα, λεηλατήθηκαν από πειρατές αμέτρητα πλοία που διέσχιζαν τον Ινδικό Ωκεανό.

Αγαπημένο όπλο των πειρατών σε μάχες σώμα με σώμα ήταν η ναύμαχος σπάθη, ξίφος με κοντή, φαρδιά λεπίδα.

ΟΙ ΠΕΡΙΒΟΗΤΟΙ ΠΕΙΡΑΤΕΣ ΤΟΥ ΙΝΔΙΚΟΥ

Χένρι Έβερι
Έδρασε ως πειρατής μεταξύ 1692-1695

Τόμας Τιού
Έδρασε ως πειρατής μεταξύ 1692-1695

Έντοναρντ Ίνγκλαντ
Έδρασε ως πειρατής μεταξύ 1717-1720

ΜΑ ΤΟΥΣ ΧΙΛΙΟΥΣ ΘΗΣΑΥΡΟΥΣ!

Οι πειρατές του Ινδικού ήταν μάλλον οι πιο επιτυχημένοι πειρατές της Ιστορίας. Όταν μοίραζαν τα λάφυρα, ο καθένας έπαιρνε περίπου 1.000 λίρες. Οι πειρατές της Καραϊβικής μόλις και μετά βίας εξασφάλιζαν 20!

Γουίλιαμ Κιντ
Έδρασε ως πειρατής μεταξύ 1697-1699

Οι πειρατές αρμένιζαν στα νερά του Ινδικού γιατί τους πρόσφεραν άφθονες ευκαιρίες πλουτισμού. Ήταν πολλά τα εμπορικά πλοία που διέσχιζαν τον ωκεανό μεταφέροντας πολύτιμα προϊόντα στις αγορές της Ευρώπης, οι πειρατές όμως λεηλατούσαν και πλεούμενα που μετέφεραν μουσουλμάνους **προσκυνητές** στην Αραβία, καθώς και φορτηγά πλοία με προορισμό την Ινδία.

Σε αναζήτηση λείας

Ο πιο δημοφιλής στόχος των πειρατών του Ινδικού Ωκεανού ήταν ένας συγκεκριμένος τύπος πλοίου.

Επρόκειτο για έναν τύπο εμπορικού πλοίου, το **East Indiaman**. Τα East Indiaman ήταν φορτηγά πλοία σταλμένα από ευρωπαϊκές χώρες για να συλλέξουν πολύτιμα αγαθά από την Ασία. Οι πειρατές θεωρούσαν τα μεγάλα, αργοκίνητα αυτά καράβια πολύτιμα έπαθλα και τα αναζητούσαν καθώς αυτά διέσχιζαν τον Ινδικό προς τα ανατολικά. Γνώριζαν πως μετέφεραν φορτία με ασημένια νομίσματα, ενδεχομένως και χρυσές ράβδους, τα οποία θα αντάλλασσαν με άλλα προϊόντα. Ένα και μόνο πλοίο μετέφερε χρυσό και ασήμι αξίας έως και 50.000 λιρών (5 εκατομμύρια σημερινές λίρες).

Για αιώνες ολόκληρους, η Ινδία ήταν η βασική πηγή διαμαντιών. Η τιμή τους ήταν υψηλότατη και χρησιμοποιούνταν στην κοσμηματοποιία.

Τα East Indiaman ήταν πιο ευάλωτα κατά το ταξίδι της επιστροφής. Βαρυφορτωμένα με προϊόντα, κινούνταν αργά και αποτελούσαν εύκολο στόχο για τους πειρατές. Για να προστατευθούν, ήταν εξοπλισμένα με κανόνια. Συχνά έπλεαν σε **νηοπομπές** και κάποιες φορές φρουρούνταν από πλοία του πολεμικού ναυτικού.

ΜΑ ΤΟΥΣ ΧΙΛΙΟΥΣ ΘΗΣΑΥΡΟΥΣ!

Το 1721, ο Άγγλος πειρατής Τζον Τέιλορ κούρσεψε το Η Κυρά μας του Κάμπο στο νησί Ρεουνιόν. Το πορτογαλικό πλοίο μετέφερε αγαθά αξίας 875.000 λιρών. Ήταν το μεγαλύτερο φορτίο που απέσπασε ποτέ πειρατής στον Ινδικό Ωκεανό.

Τα East Indiaman ήταν πελώρια, βαριά και χαμηλά πλοία. Για τη μεταφορά των φορτίων από και προς αυτά, χρησιμοποιούνταν μικρότερα, πιο ελαφριά πλεούμενα.

Τα East Indiaman εκτόξευαν μύδρους από ατόφιο σίδερο που χτυπούσαν πάνω στη γάστρα και τα κατάρτια των εχθρικών πλοίων.

Οι θησαυροί της Ανατολής

Πλούσια λάφυρα περίμεναν τους πειρατές που αρμένιζαν στον Ινδικό Ωκεανό.

Τα πλοία East Indiaman που επέστρεφαν στην Ευρώπη ήταν φορτωμένα μπαχαρικά, τσάι, μετάξι, ελεφαντόδοντο, διαμάντια, ρουμπίνια και **πορσελάνη**, είδη πολυτελείας δηλαδή που μόνο οι πλούσιοι Ευρωπαίοι μπορούσαν να αγοράσουν. Μέρος αυτών των λαφύρων ήταν ογκώδες, οπότε οι πειρατές έσπευδαν να το ξεφορτωθούν το ταχύτερο δυνατό. Συνήθως το πουλούσαν στις τοπικές αγορές, όπως συνέβη στην περίπτωση του Γουίλιαμ Κιντ, ο οποίος διέθεσε το μεγαλύτερο μέρος του φορτίου του *Έμπορος Κεντάχ* σε ινδική αγορά έναντι 7.000 λιρών.

Λέγεται πως ο Γουίλιαμ Κιντ έθαψε ένα θησαυρό κάπου στον Ινδικό Ωκεανό. Διάφοροι κυνηγοί θησαυρών τον έχουν αναζητήσει κατά καιρούς, αλλά χωρίς αποτέλεσμα.

Τα μπαχαρικά και το τσάι καταλάμβαναν αρκετό χώρο στο πλοίο. Αν οι πειρατές δυσκολεύονταν να τα πουλήσουν, τα έριχναν στη θάλασσα.

Ένα φορτηγό πλοίο East Indiaman βυθίζεται έπειτα από επίθεση πειρατών στον Ινδικό Ωκεανό.

ΜΑ ΤΟΥΣ ΧΙΛΙΟΥΣ ΘΗΣΑΥΡΟΥΣ!

Το 1695, ο Χένρι Έβερι έκανε επιδρομή στο ινδικό θησαυροφόρο πλοίο Γκανγκ-ι-Σαβάι στην Ερυθρά Θάλασσα. Απέσπασε χρυσό και κοσμήματα που λέγεται πως άξιζαν 325.000 λίρες – δισεκατομμύρια σημερινά χρήματα.

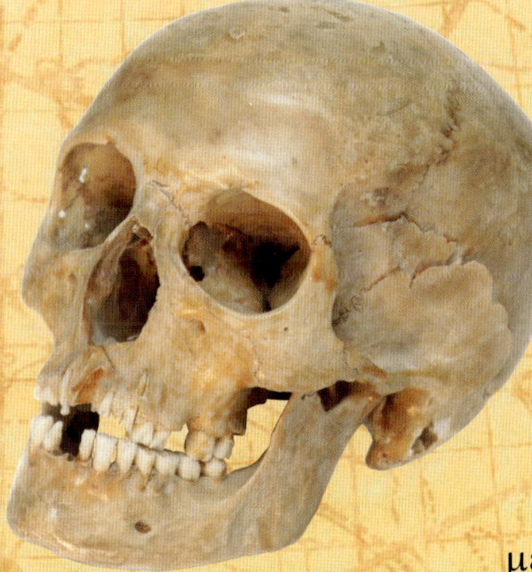

Οι πειρατές του Ινδικού Ωκεανού δεν άργησαν να καταλάβουν πως και τα πλοία που μετέφεραν προσκυνητές ήταν φορτωμένα με θησαυρούς. Κάθε χρόνο, ένας στόλος 20 ή 30 πλοίων σάλπαρε από την Ινδία με προορισμό την Αραβία μεταφέροντας πλήθος μουσουλμάνων στη Μέκκα για το ιερό τους προσκύνημα. Μαζί τους ταξίδευαν και Ινδοί έμποροι, οι οποίοι αντάλλασσαν υφάσματα και μπαχαρικά έναντι χρυσού και κοσμημάτων. Επιστρέφοντας στην Ινδία, τα πλοία των προσκυνητών γίνονταν εύκολοι στόχοι των Ευρωπαίων πειρατών.

Γουίλιαμ Κιντ: ο άτυχος πειρατής

Ο Γουίλιαμ Κιντ δεν ξεκίνησε τη σταδιοδρομία του στη θάλασσα ως πειρατής. Για πολλά χρόνια εργαζόταν ως καταδρομέας στην Καραϊβική, έχοντας την άδεια να πραγματοποιεί επιδρομές σε γαλλικά πλοία.

Ήταν καλός στη δουλειά του και σύντομα απέκτησε μεγάλη φήμη. Το 1695, ταξίδεψε στο Λονδίνο και συνεταιρίστηκε με δύο άνδρες. Του έδωσαν ένα καράβι, τη *Γαλέρα της Περιπέτειας*, προκειμένου να αιχμαλωτίζει πειρατές, να τους κλέβει τα λάφυρα και ύστερα να τα μοιράζεται με τους συνεταίρους του. Το σχέδιο, όμως, απέτυχε.

Ο Κιντ ήρθε αντιμέτωπος με τον Γουίλιαμ Μουρ, τον οποίο χτύπησε με έναν κουβά.

Όταν η *Γαλέρα της Περιπέτειας* μπήκε στον Ινδικό Ωκεανό, το πλήρωμα του Κιντ προσπάθησε να πάρει τον έλεγχο του καραβιού. Ο Κιντ χτύπησε έναν από τους **αντάρτες**, τον Γουίλιαμ Μουρ, με ξύλινο κουβά και τον σκότωσε. Συνέχισε το ταξίδι του, όμως αντί να συλλάβει πειρατές, κυρίευσε το *Έμπορος Κεντάχ*.

Ο Κιντ νόμισε ότι θα ήταν ασφαλής στην Αμερική, αλλά έκανε λάθος. Εστάλη στην Αγγλία για να δικαστεί για τα εγκλήματά του.

Το *Έμπορος Κεντάχ* ήταν ένα ινδικό εμπορικό πλοίο. Όταν ο Κιντ του επιτέθηκε χωρίς άδεια, έγινε πειρατής. Το κράτησε και του έδωσε το όνομα *Έπαθλο της Περιπέτειας*. Ο Κιντ ταξίδεψε με αυτό ως την Αμερική, όπου όμως τον συνέλαβαν και τον έστειλαν στο Λονδίνο για να δικαστεί ως πειρατής και δολοφόνος. Κρίθηκε ένοχος και καταδικάστηκε σε θάνατο.

Γουίλιαμ Κιντ

Γεννήθηκε: περίπου το 1645, στη Σκοτία
Πέθανε: το 1701, στο Λονδίνο
Επάγγελμα: Καταδρομέας και πειρατής

Η Γαλέρα της Περιπέτειας: ένα πειρατικό κωπήλατο πλοίο

Το 1695, ο Γουίλιαμ Κιντ έγινε καπετάνιος της Γαλέρας της Περιπέτειας, ενός τρικάταρτου πλεούμενου με πλήρωμα 150 ανδρών.

Ήταν σχεδιασμένο για γρήγορη πλεύση, όποτε όμως ο άνεμος δεν φούσκωνε τα πανιά του, υπήρχε κι άλλος τρόπος να γλιστρά στο νερό. Εκτός από ιστιοφόρο ήταν και γαλέρα, που σήμαινε ότι διέθετε κουπιά. Όταν ο καιρός ήταν καλός, το πλήρωμα τραβούσε 36 κουπιά και όργωνε τη θάλασσα. Η κωπηλασία ήταν δύσκολη δουλειά, αλλά χάρη στα κουπιά της η *Γαλέρα της Περιπέτειας* μπορούσε να προσεγγίζει πλοία ακόμη κι όταν δεν φυσούσε. Τα εχθρικά καράβια ακινητοποιούνταν, αλλά η *Γαλέρα της Περιπέτειας* τα πλησίαζε ολοένα και πιο πολύ.

Εγκάρσια τομή του πρώτου πλοίου του Κιντ, της Γαλέρας της Περιπέτειας, που δείχνει τα καταστρώματα, τον οπλισμό και τα κουπιά του.

ΜΑ ΤΟΥΣ ΧΙΛΙΟΥΣ ΘΗΣΑΥΡΟΥΣ!

Το 1999, ένα ναυάγιο ανακαλύφθηκε σε έναν κόλπο της Μαδαγασκάρης. Το πλοίο ήταν καμένο και έτσι δεν αποκλείεται να πρόκειται για τα απομεινάρια της *Γαλέρας της Περιπέτειας*.

Δυστυχώς για τον Κιντ, η *Γαλέρα της Περιπέτειας* έμπαζε από παντού. Την οδήγησε στη Μαδαγασκάρη και εκεί αφαίρεσε τα κανόνια της, της έβαλε φωτιά και την άφησε να βυθιστεί. Τα κανόνια τα τοποθέτησε στο νέο του πλοίο, το *Έπαθλο της Περιπέτειας*.

Η Γαλέρα της Περιπέτειας

Κατασκευάστηκε: το 1695, στο ναυπηγείο Ντέπφορντ του Λονδίνου
Εγκαταλείφθηκε: το 1698, στη Μαδαγασκάρη
Βάρος: 285 τόνους
Μήκος: 38 μέτρα
Κατάρτια: 3
Οπλισμός: 34 κανόνια

Δύσκολη ζωή στη θάλασσα

Όταν κάποιος συμφωνούσε να γίνει πειρατής, υπέγραφε τα άρθρα του πλοίου, δηλαδή μια σειρά από κανόνες.

Οι πειρατές που ταξίδευαν με τον Γουίλιαμ Κιντ είχαν υπογράψει άρθρα με τα οποία εξασφάλιζαν μερίδιο από τα λάφυρα που θα αποσπούσαν από ένα κυριευμένο πλοίο. Αν όμως δεν υπάκουαν στις εντολές του καπετάνιου τους, τιμωρούνταν σύμφωνα με τους κανόνες: είτε εγκαταλείπονταν σε κάποιο έρημο νησί είτε τους έδεναν κάτω από το πλοίο και τους έσερναν.

ΜΑ ΤΟΥΣ ΧΙΛΙΟΥΣ ΘΗΣΑΥΡΟΥΣ!

Ο πειρατής καπετάνιος έτρεμε το θόρυβο ενός μύδρου που κυλούσε πάνω στο κατάστρωμα του πλοίου, σημάδι από το πλήρωμα ότι θα έπαιρνε στα χέρια του τον έλεγχο του πλοίου. Θα ακολουθούσε **ανταρσία**.

Αν κάποιος δεν πνιγόταν ενώ σερνόταν κάτω από το καράβι, το πιθανότερο ήταν να πεθάνει αργότερα από τον τραυματισμό που είχε υποστεί καθώς χτυπούσε πάνω στο τραχύ ξύλο της γάστρας.

Το πλήρωμα ενός πειρατικού πλοίου δούλευε σκληρά, υπό τις διαταγές του καπετάνιου.

Ένα πειρατικό πλοίο μπορούσε να λείπει στη θάλασσα μήνες ολόκληρους. Το πλήρωμα ταλαιπωρούνταν πολύ καθώς τα τρόφιμα και το νερό ολοένα λιγόστευαν. Μπορεί ακόμα το ίδιο το πλοίο να αντιμετώπιζε προβλήματα, όπως συνέβη με τη *Γαλέρα της Περιπέτειας* του Γουίλιαμ Κιντ, η οποία εγκαταλείφθηκε λόγω της σάπιας γάστρας της. Το χειρότερο όλων όμως ήταν όταν οι πειρατές έμεναν χωρίς λάφυρα, γεγονός που υποκινούσε αναταραχές.

Άρθρα του Γουίλιαμ Κιντ

1. Αν κάποιος άνδρας χάσει το μάτι, το χέρι ή το πόδι του, θα λάβει 600 ισπανικά δολάρια ή 6 ικανούς σκλάβους.
2. Ο άνδρας που πρώτος θα διακρίνει τα πανιά ενός εχθρικού πλοίου θα λάβει 100 ισπανικά δολάρια.
3. Όποιος παρακούσει εντολή θα χάσει το μερίδιό του και θα τιμωρηθεί σύμφωνα με όσα θα ορίσει ο καπετάνιος.
4. Όποιος δειλιάσει σε μια επιχείρηση θα χάσει το μερίδιό του.
5. Όποιος είναι μεθυσμένος σε μια επιχείρηση θα χάσει το μερίδιό του.
6. Όποιος κάνει λόγο για ανταρσία θα χάσει το μερίδιό του και θα τιμωρηθεί σύμφωνα με όσα θα ορίσει ο καπετάνιος.
7. Όποιος κλέψει από τον καπετάνιο ή τους συναδέλφους του θησαυρό, χρήματα, αγαθά και οτιδήποτε άλλο αξίας έστω και ενός ισπανικού δολαρίου θα χάσει το μερίδιό του και θα εγκαταλειφθεί στο πρώτο ερημονήσι.
8. Χρήματα και θησαυρός που έχουν αποσπαστεί ως λάφυρα θα μοιραστούν ανάμεσα στα μέλη του πληρώματος.

Τόμας Τιού: ο πειρατής του Ρόουντ Άιλαντ

Ο Τόμας Τιού ήταν ένας από τους πειρατές που έπρεπε να συλλάβει ο Γουίλιαμ Κιντ, αλλά δεν το έκανε ποτέ.

Βάση του Τιού ήταν το Ρόουντ Άιλαντ των Ηνωμένων Πολιτειών και, όπως ο Κιντ, έτσι κι εκείνος ξεκίνησε ως καταδρομέας πριν γίνει πειρατής. Το πλοίο του Τιού, η *Φιλία*, ήταν **σλέπι**, δηλαδή μικρό, γρήγορο, μονοκάταρτο πλεούμενο, ιδανικό για πειρατές.

Το 1694, ο Τόμας Τιού (αριστερά) επισκέφθηκε τον Μπέντζαμιν Φλέτσερ, τον κυβερνήτη της Νέας Υόρκης. Ο Τιού τον χάρισε κοσμήματα που είχε αρπάξει από καράβια στην Ερυθρά Θάλασσα.

Τόμας Τιού

Γεννήθηκε: άγνωστη χρονολογία, στην Αγγλία
Πέθανε: το 1695, στην Ερυθρά Θάλασσα
Επάγγελμα: Καταδρομέας και πειρατής

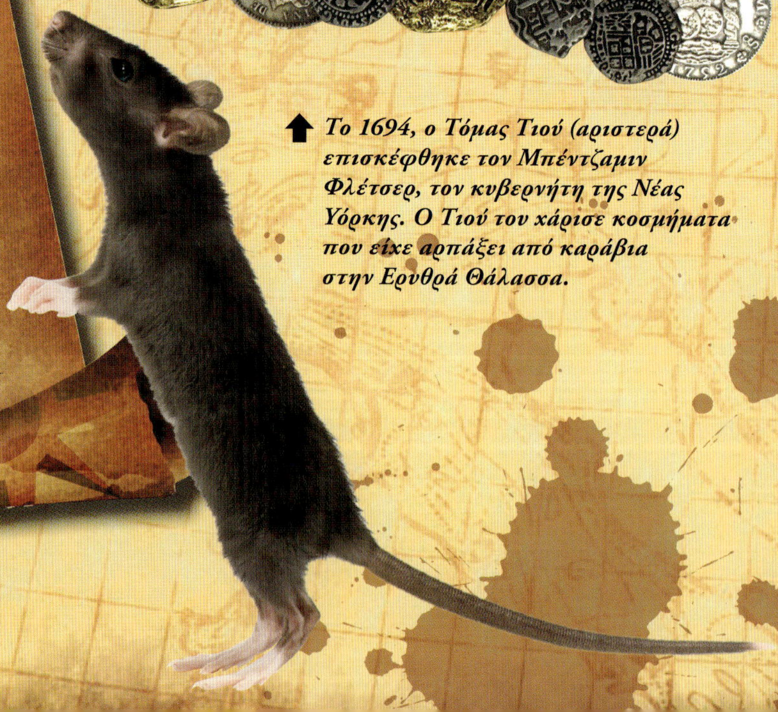

Το 1693, ο Τιού κούρσεψε ένα πολύ σημαντικό ινδικό εμπορικό πλοίο στην Ερυθρά Θάλασσα. Άρπαξε το χρυσάφι και τα πολύτιμα πετράδια του και πέταξε το υπόλοιπο ογκώδες φορτίο στη θάλασσα, αφού δεν του ήταν χρήσιμο. Ο θησαυρός μοιράστηκε μεταξύ του πληρώματος και κάθε άνδρας έλαβε 3.000 λίρες, τεράστιο ποσό για τα δεδομένα της εποχής.

Η πειρατική σημαία του Τόμας Τιού.

Ο Τιού σκοτώθηκε από μύδρο που εκτόξευσε το πλοίο Φατέχ Μοχάμενι ενώ εκείνος προσπαθούσε να το καταλάβει.

Ο Τιού συνεταιρίστηκε με τον Χένρι Έβερι, πειρατή του Ινδικού Ωκεανού. Μαζί συγκρότησαν ένα μικρό στόλο από πειρατικά πλοία και άρχισαν να λυμαίνονται την Ερυθρά Θάλασσα. Όχι για πολύ, όμως. Το 1695, κατά τη διάρκεια επίθεσής του ενάντια σε ινδικό καράβι, ο Τιού σκοτώθηκε από μύδρο που τον πέτυχε στο στομάχι.

Χένρι Έβερι: ο επιτυχημένος πειρατής

Ελάχιστοι πειρατές γλίτωσαν την τιμωρία. Ένας από αυτούς ήταν ο Χένρι Έβερι.

Ήταν ειδικός στις μεταμφιέσεις και χρησιμοποιούσε ψεύτικο όνομα. Το πραγματικό του ίσως ήταν Μπέντζαμιν Μπρίτζμαν, γι' αυτό και ένα από τα παρατσούκλια του ήταν «Μακρύς Μπεν».

Οι επιτυχημένες πειρατικές επιχειρήσεις του Χένρι Έβερι στον Ινδικό τού εξασφάλισαν τεράστια περιουσία. Στο φόντο, το πλοίο του επιτίθεται σε θησαυροφόρο καράβι.

Ο Έβερι ήταν αρχικά καταδρομέας στην Καραϊβική και έκανε επιδρομές σε γαλλικούς οικισμούς στο νησί Μαρτινίκα. Όλα άλλαξαν το 1694, όταν επικεφαλής μιας ανταρσίας, πήρε τον έλεγχο ενός καραβιού, το οποίο μετονόμασε σε *Φαντασία*. Στη συνέχεια, έβαλε πλώρη για τον Ινδικό Ωκεανό, όπου συνεργάστηκε με τον Τόμας Τιού και άλλους πειρατές.

Το μεγαλύτερο έπαθλό του ήταν το *Γκανγκ-ι-Σαβάι*, ένα ινδικό θησαυροφόρο πλοίο που έπλεε στην Ερυθρά. Ύστερα από μια μάχη που κράτησε δύο ώρες, το εμπορικό πλοίο παραδόθηκε και ο Έβερι απέσπασε 600.000 λίρες σε χρυσό, ασήμι και πολύτιμα πετράδια. Όταν η λεία μοιράστηκε μεταξύ του πληρώματος, ο Έβερι επέστρεψε στην Καραϊβική και εξαφανίστηκε.

ΜΑ ΤΟΥΣ ΧΙΛΙΟΥΣ ΘΗΣΑΥΡΟΥΣ!

Κάποιοι από το πλήρωμα του Έβερι επέστρεψαν στην Αγγλία, όπου συνελήφθησαν και απαγχονίστηκαν. Όσο για τον ίδιο, λέγεται πως εγκαταστάθηκε στην Ιρλανδία, άλλαξε όνομα και έζησε από τα παράνομα κέρδη των πειρατειών του.

Ο Έβερι ήταν επικεφαλής ενός στόλου πειρατικών πλοίων. Λυμαίνονταν μουσουλμανικά πλοία προσκυνητών που επέστρεφαν στην Ινδία με προϊόντα πολυτελείας, χρυσάφι και ασήμι.

Χένρι Έβερι, γνωστός ως «Μακρύς Μπεν»

Γεννήθηκε: γύρω στο 1653, στην Αγγλία
Πέθανε: άγνωστη χρονολογία και τόπος
Επάγγελμα: Πειρατής

Μαδαγασκάρη: το καταφύγιο των πειρατών

Ο Γουίλιαμ Κιντ γνώριζε πως ήταν πια ασφαλής μόλις πάτησε το πόδι του στη Μαδαγασκάρη.

Το μεγάλο αυτό νησί ήταν καταφύγιο πειρατών. Εκεί εγκατέλειψε ο Κιντ την κατεστραμμένη *Γαλέρα της Περιπέτειας* το 1698. Η Μαδαγασκάρη βρισκόταν πάνω σε μια πολυσύχναστη **εμπορική οδό** και τα East Indiaman έπλεαν αρκετά κοντά. Οποιοδήποτε περαστικό εμπορικό πλοίο γινόταν στόχος των πειρατών. Στην ανατολική πλευρά της Μαδαγασκάρης δημιουργήθηκαν πειρατικές αποικίες και ως το 1720 περίπου ζούσαν εκεί 1.500 πειρατές. Πολλοί είχαν καταφύγει εκεί από την Καραϊβική, ξεγλιστρώντας έτσι από τις Αρχές που τους καταδίωκαν. Στις αποικίες αυτές εργάζονταν και έμποροι που πουλούσαν στους πειρατές διάφορα προϊόντα με αντάλλαγμα τα κλεμμένα τους λάφυρα.

⬆ *Στη Μαδαγασκάρη, Ευρωπαίοι έμποροι πουλούσαν όπλα, ξίφη, μπαρούτι και αλκοόλ στους πειρατές του νησιού.*

Η Βρετανία έστελνε μοίρες πολεμικών πλοίων στη Μαδαγασκάρη. Οι πειρατές δεν μπορούσαν να αποκρούσουν εκείνα τα βαριά οπλισμένα πλοία με τους καλά εκπαιδευμένους πολεμιστές.

Οι πειρατές είχαν γίνει τόσο ενοχλητικοί, που έπρεπε να ληφθούν μέτρα για να προστατευτεί η ναυτιλία. Τη δεκαετία του 1720, πολεμικά πλοία του Βρετανικού Βασιλικού Ναυτικού άρχισαν να πλέουν κοντά στη Μαδαγασκάρη εξασθενίζοντας σιγά σιγά την πειρατική απειλή.

ΜΑ ΤΟΥΣ ΧΙΛΙΟΥΣ ΘΗΣΑΥΡΟΥΣ!

Η ζωή ήταν σκληρή για τους πειρατές στη Μαδαγασκάρη. Συχνά πέθαιναν από αρρώστιες ή σε συγκρούσεις με τους αυτόχθονες ή με διάφορες πειρατικές συμμορίες.

Οι Ανγκρία: μια οικογένεια πειρατών

Οι Ευρωπαίοι πειρατές δεν ήταν η μοναδική απειλή στον Ινδικό Ωκεανό. Υπήρχαν και αρκετοί ντόπιοι πειρατές.

Οι πιο διαβόητοι ήταν οι Ανγκρία, μια οικογένεια που λεηλατούσε πλοία κάθε εθνικότητας. Η πειρατεία ήταν τρόπος ζωής, μια κληρονομιά που περνούσε από πατέρα σε γιο. Οι Ανγκρία διαφέντευαν τη δυτική ακτή της Ινδίας για 50 χρόνια περίπου, από το 1700 έως το 1750. Σταματούσαν πλοία που περνούσαν από την επικράτειά τους και ανάγκαζαν τους καπετάνιους τους να τους δώσουν χρήματα. Σε αντάλλαγμα, οι Ανγκρία επέτρεπαν στα πλοία να συνεχίσουν το ταξίδι τους – όχι πάντα, όμως.

ΜΑ ΤΟΥΣ ΧΙΛΙΟΥΣ ΘΗΣΑΥΡΟΥΣ!

Ο Κονατζί Ανγκρία κράτησε πέντε χρόνια αιχμάλωτο έναν Άγγλο έμπορο, τον Πίτερ Κούρτζενβεν. Τον είχε αλυσοδέσει τραυματίζοντας τα πόδια του. Όταν απελευθερώθηκε, ένας γιατρός τού έκοψε το κατεστραμμένο πόδι, αλλά ο έμπορος πέθανε από ακατάσχετη αιμορραγία.

Οι αιχμάλωτοι αλυσοδένονταν χειροπόδαρα.

Το 1704, οι Βρετανοί ζήτησαν από τον Κονατζί Ανγκρία να μην ενοχλεί πλέον τα πλοία τους. Εκείνος τους αγνόησε. Το 1707, επιτέθηκε στο *Βομβάη*, ένα βρετανικό East Indiaman, ενώ συνέχισε να πραγματοποιεί απανωτές επιδρομές. Το 1736, ο γιος του Κονατζί, ο Σαμπχατζί, λεηλάτησε το *Ντέρμπι* και απέσπασε μια περιουσία σε χρυσάφι. Το τέλος ήρθε το 1756, όταν ένας στόλος από βρετανικά πολεμικά πλοία κατέστρεψε 65 πειρατικά πλοία των Ανγκρία και αφαίρεσε το θησαυρό τους.

Ο στόλος των Ανγκρία (τα μικρότερα καράβια) επιτίθεται σε βρετανικά εμπορικά πλοία κοντά στις ακτές της Ινδίας το 1740.

Ο Κονατζί Ανγκρία ήταν ο αρχηγός μιας οικογένειας Ινδών πειρατών.

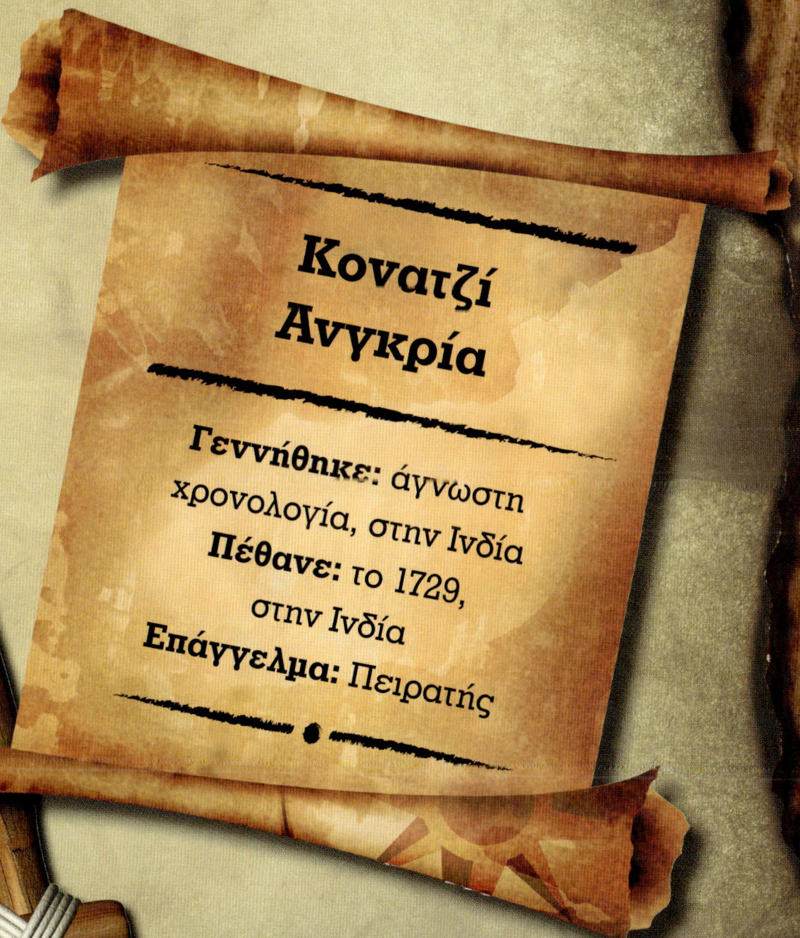

Κονατζί Ανγκρία

Γεννήθηκε: άγνωστη χρονολογία, στην Ινδία
Πέθανε: το 1729, στην Ινδία
Επάγγελμα: Πειρατής

Έντουαρντ Ίνγκλαντ: ο καλόκαρδος πειρατής

Ο Έντουαρντ Ίνγκλαντ έγινε πειρατής το 1717, όταν πειρατές κατέλαβαν το πλοίο στο οποίο επέβαινε. Τότε, αποφάσισε να προσχωρήσει στην ομάδα τους.

Αρχικά, ο Ίνγκλαντ έκανε πειρατικές επιδρομές στην Καραϊβική, ώσπου αναγκάστηκε να διαφύγει το 1718. Ταξίδεψε στην Αφρική, όπου λεηλατούσε πλοία κατά μήκος των δυτικών ακτών αλλά και στον Ινδικό Ωκεανό.

Σε μια επιδρομή, ο Ίνγκλαντ χρησιμοποίησε μια μπουρλοτιέρα (ένα πυρπολικό πλοίο) για να επιτεθεί σε δύο πλεούμενα που ήθελε να κυριεύσει. Το σχέδιό του απέτυχε και τα καράβια διέφυγαν.

Ο Ίνγκλαντ χάρισε ένα από τα πλοία που είχε κυριεύσει σε ένα μέλος του πληρώματός του, τον Τζον Τέιλορ. Το 1720, επιτέθηκε στο *Κασσάνδρα*, ένα βρετανικό East Indiaman. Στη μάχη, ανοιχτά των ακτών της Μαδαγασκάρης, 90 μέλη του πειρατικού πληρώματος έχασαν τη ζωή τους αλλά ο Ίνγκλαντ τελικά κατάφερε να κυριεύσει το πλοίο.

ΜΑ ΤΟΥΣ ΧΙΛΙΟΥΣ ΘΗΣΑΥΡΟΥΣ!

Όταν ο Ίνγκλαντ έχασε τον έλεγχο του καραβιού του, οι άνδρες του τον άφησαν σε ένα νησί του Ινδικού. Τελικά, κατέληξε στη Μαδαγασκάρη όπου πέθανε ζητιανεύοντας.

Έντουαρντ Ίνγκλαντ

Γεννήθηκε: άγνωστη χρονολογία, στην Ιρλανδία
Πέθανε: γύρω στο 1721, στη Μαδαγασκάρη
Επάγγελμα: Πειρατής

Ο Ίνγκλαντ πήρε το φορτίο, η αξία του οποίου λέγεται πως ήταν 75.000 λίρες, αλλά άφησε το πλήρωμα να φύγει. Αυτό φαίνεται πως εξόργισε τον Τζον Τέιλορ, που θεωρούσε πως ο Ίνγκλαντ θα έπρεπε να τους σκοτώσει εκδικούμενος την απώλεια των συντρόφων τους στη μάχη. Τα υπόλοιπα μέλη του πληρώματος συμφώνησαν με τον Τέιλορ και τον αναγνώρισαν ως καπετάνιο τους.

Η πειρατική σημαία του Έντουαρντ Ίνγκλαντ.

Καταδικασμένοι σε θάνατο

Οι περισσότεροι πειρατές είχαν τραγικό τέλος.

Ο Τόμας Τιού σκοτώθηκε από μύδρο, ο Έντουαρντ Ίνγκλαντ πέρασε τις τελευταίες μέρες της ζωής του ζητιανεύοντας, ο Γουίλιαμ Κιντ απαγχονίστηκε, μάλιστα όχι μία, αλλά δύο φορές. Αν ένας πειρατής συλλαμβανόταν από τις Αρχές, ήταν σχεδόν βέβαιο ότι θα καταδικαζόταν σε θάνατο, που σήμαινε ότι θα απαγχονιζόταν.

Η δίκη του Γουίλιαμ Κιντ έγινε στο Λονδίνο το 1701.

Ο Γουίλιαμ Κιντ συνελήφθη στη Βοστόνη των Ηνωμένων Πολιτειών το 1699 και μεταφέρθηκε στην Αγγλία για να δικαστεί. Την εποχή εκείνη, κάποιες περιοχές της Βόρειας Αμερικής βρίσκονταν υπό τον έλεγχο της Αγγλίας, γι' αυτό και η δίκη του έγινε εκεί. Το Μάιο του 1701, ο Κιντ κρίθηκε ένοχος για τη δολοφονία του Γουίλιαμ Μουρ, του ναύτη τον οποίο είχε χτυπήσει με τον κουβά, αλλά και για τη ληστεία του *Έμπορος Κεντάχ*.

Ο Κιντ καταδικάστηκε σε θάνατο διά απαγχονισμού. Στην πρώτη προσπάθεια, το σκοινί του **δήμιου** κόπηκε και ο Κιντ έπεσε καταγής ζωντανός. Στη συνέχεια, τον οδήγησαν για δεύτερη φορά στο **ικρίωμα** και πέρασαν μια καινούρια θηλιά γύρω από το λαιμό του. Τούτη τη φορά το σκοινί δεν έσπασε.

Άφησαν το άψυχο σώμα του Κιντ να κρέμεται από αλυσίδες, μέσα σε ένα σιδερένιο κλουβί.

ΜΑ ΤΟΥΣ ΧΙΛΙΟΥΣ ΘΗΣΑΥΡΟΥΣ!

Το σώμα του Κιντ τοποθετήθηκε μέσα σε ένα σιδερένιο κλουβί και κρεμάστηκε στις όχθες του Τάμεση στο Τίλμπερι, κοντά στο Λονδίνο. Τα πουλιά ράμφιζαν τη σορό του μέχρι που αποσυντέθηκε. Το θέαμα ήταν αποκρουστικό, παράδειγμα προς αποφυγή για τους επίδοξους πειρατές.

Ο Μαυρογένης

και οι

Πειρατές της Καραϊβικής

ΠΕΡΙΕΧΟΜΕΝΑ

Οι πειρατές επιτίθενται!

Το Νοέμβριο του 1717, ένα πειρατικό πλοίο σάλπαρε από τη Μαρτινίκα, στην Καραϊβική Θάλασσα.

Καπετάνιος του ήταν ο Έντουαρντ Τιτς, γνωστός και ως Μαυρογένης. Το πλοίο ήταν σλέπι, ένα μικρό, μονοκάταρτο, γρήγορο σκάφος, με 12 κανόνια και πλήρωμα 120 περίπου πειρατών.

Όταν στο βάθος του ορίζοντα διέκρινε τη φιγούρα ενός μεγαλύτερου πλοίου, ο Μαυρογένης έβαλε πλώρη προς το μέρος του. Ήταν το *Ομόνοια*, ένα γαλλικό εμπορικό πλοίο που μετέφερε περισσότερους από 400 Αφρικανούς σκλάβους. Το *Ομόνοια* ήταν οπλισμένο, αλλά έπειτα από τέσσερις μήνες στον Ατλαντικό Ωκεανό, το πλήρωμα δεν είχε καμία διάθεση να εμπλακεί σε σύγκρουση. Ο Μαυρογένης έριξε μια κανονιά ως προειδοποίηση και ο καπετάνιος του *Ομόνοια* παρέδωσε το πλοίο του αμαχητί.

🡅 *Το* **Ομόνοια** *ήταν μεγαλύτερο και καλύτερα οπλισμένο από το σλέπι του Μαυρογένη. Εκείνος όμως ήταν αποφασισμένος να το κυριεύσει.*

ΜΑ ΤΟΥΣ ΧΙΛΙΟΥΣ ΘΗΣΑΥΡΟΥΣ!

Το *Ομόνοια* μετέφερε θησαυρό: περίπου 9 κιλά χρυσόσκονη, αλλά και ασήμι και κοσμήματα. Ο καμαρότος του καραβιού, ο δεκαπεντάχρονος Λουί Αρό, αποκάλυψε στον Μαυρογένη την κρυψώνα. Αντί να αναχωρήσει μαζί με το υπόλοιπο πλήρωμα του *Ομόνοια*, ο Αρό έγινε πειρατής του Μαυρογένη.

Οι πειρατές έβαλαν το πλήρωμα και τους σκλάβους του *Ομόνοια* στο σλέπι του Μαυρογένη και τους άφησαν να φύγουν. Το *Ομόνοια* ήταν το έπαθλο του Τιτς και έγινε η ναυαρχίδα του. Ήταν οπλισμένο με 16 κανόνια, αλλά ο θρυλικός πειρατής αύξησε τον αριθμό τους σε 40 και το ονόμασε *Εκδίκηση της Βασίλισσας Άννας*.

Οι Πειρατές της Καραϊβικής: 1690-1730

Οι πειρατές της Καραϊβικής όργωναν τα νερά γύρω από τα αναρίθμητα νησιά της, από τη βορειοανατολική ακτή της Νότιας Αμερικής ως τα ανατολικά παράλια των Ηνωμένων Πολιτειών.

Ο Μαυρογένης ήταν ένας από τους πολλούς πειρατές που σκόρπιζαν τον τρόμο στην Καραϊβική.

Για σαράντα χρόνια περίπου, από το 1690 έως το 1730, οι πειρατές πραγματοποιούσαν επιδρομές σε πόλεις και λεηλατούσαν καράβια που συναντούσαν στο διάβα τους. Ήταν η Χρυσή Εποχή της πειρατείας στην Καραϊβική.

Πριν η Καραϊβική γίνει λημέρι των πειρατών, ήταν ορμητήριο **μπουκανιέρων**, κυρίως Άγγλων, Γάλλων και Ολλανδών που ζούσαν σε διάφορα νησιά της. Το 17ο αιώνα, κάποιοι κυβερνήτες των νησιών έδωσαν στους μπουκανιέρους αυτούς την άδεια να επιτίθενται σε ισπανικά πλοία, επιχειρήσεις που στέφονταν με επιτυχία. Όταν οι άνθρωποι αυτοί άρχισαν να λεηλατούν καράβια κάθε εθνικότητας, οι κυβερνήτες προσπάθησαν να βάλουν ένα τέλος στη δράση τους – μάταια, όμως.

Κάποιοι μπουκανιέροι συνέχισαν τις επιδρομές χωρίς καμία άδεια και τότε έγιναν πειρατές. Εκατοντάδες άνδρες και αρκετές γυναίκες αρμένιζαν τα νερά της Καραϊβικής με την ιδιότητα του πειρατή. Όπως και ο Μαυρογένης, είχαν γοητευτεί από την ιδέα των πλούσιων λαφύρων που θα αποσπούσαν, και διαφέντευαν την Καραϊβική για αρκετά χρόνια.

ΟΙ ΠΕΡΙΒΟΗΤΟΙ ΠΕΙΡΑΤΕΣ ΤΗΣ ΚΑΡΑΪΒΙΚΗΣ

Σάμιουελ Μπέλαμι
Έδρασε ως πειρατής μεταξύ 1715-1717

Χένρι Μόργκαν
Έδρασε ως μπουκανιέρος μεταξύ 1665-1671

Έντουαρντ Τιτς
Έδρασε ως πειρατής μεταξύ 1716-1718

Αν Μπόνι
Έδρασε ως πειρατής μεταξύ 1719-1720

Τζον Ράκαμ
Έδρασε ως πειρατής μεταξύ 1718-1720

Μέρι Ριντ
Έδρασε ως πειρατής μεταξύ 1719-1720

Πειρατικό πλοίο: η φωλιά των ληστών

Τα περισσότερα πειρατικά πλοία στην Καραϊβική ήταν σλέπια. Οι πειρατές τα προτιμούσαν γιατί ήταν γρηγορότερα από τα εμπορικά στα οποία επιτίθονταν.

Όταν ένα πειρατικό σλέπι έβαζε πλώρη για να προσεγγίσει ένα εμπορικό πλοίο, δεν αργούσε να πλευρίσει το μεγαλύτερο, πιο αργοκίνητο πλεούμενο, όπως συνέβη με τον Μαυρογένη όταν επιτέθηκε στο *Ομόνοια*. Ένα γρήγορο καράβι επέτρεπε ακόμα στους πειρατές να διαφύγουν με ασφάλεια όταν άρχιζαν να καταδιώκονται από πλοία του πολεμικού ναυτικού.

Τυπικό σλέπι των πειρατών της Καραϊβικής. Είχε 12 κανόνια, μήκος περίπου 18 μέτρα και βάρος γύρω στους 100 τόνους.

Τα καλύτερα σλέπια κατασκευάζονταν στα ναυπηγεία της Τζαμάικα και των Βερμούδων. Ήταν μονοκάταρτα και μπορούσαν να πλέουν σε ρηχά νερά, να προσεγγίζουν τη στεριά χωρίς να ακινητοποιούνται, και να κρύβονται σε προστατευμένους όρμους. Οι καπετάνιοι τοποθετούσαν στα σλέπια τους πολλά κανόνια, τα οποία αφαιρούσαν από τα καράβια που κυρίευαν.

Κάθε πειρατής πάνω στο καράβι έπρεπε να υπογράψει τα άρθρα του πλοίου, τα οποία προσδιόριζαν το μερίδιο από τα λάφυρα που θα μοιραζόταν μεταξύ των ανδρών, καθώς και τις τιμωρίες όσων παραβίαζαν τους κανόνες.

ΜΑ ΤΟΥΣ ΧΙΛΙΟΥΣ ΘΗΣΑΥΡΟΥΣ!

Αν ένας πειρατής δεν ήξερε να γράφει, υπέγραφε τα άρθρα του πλοίου με κάποιο σύμβολο, όπως με ένα Χ.

Σερ Χένρι Μόργκαν: ο ευνοούμενος του βασιλιά

Ο Χένρι Μόργκαν ήταν ένας μπουκανιέρος. Στα τέλη του 1667, ο κυβερνήτης της Τζαμάικα Τόμας Μόντιφορντ του έδωσε την άδεια να κάνει επιδρομές σε ισπανικά πλοία γιατί πίστευε ότι η Ισπανία σχεδίαζε να επιτεθεί στο νησί.

Ο Μόργκαν όμως είχε άλλα σχέδια. Τον Ιανουάριο του 1668, επιτέθηκε σε μια ισπανική πόλη της Κούβας και έπειτα, με μια δύναμη 500 ανδρών, κατέλαβε το Πορτομπέλο, λιμάνι του Παναμά. Λέγεται ότι επέστρεψε στην Τζαμάικα με περιουσία αξίας 100.000 λιρών.

Χένρι Μόργκαν

Γεννήθηκε: γύρω στο 1635, στην Ουαλία
Πέθανε: το 1688, στην Τζαμάικα
Επάγγελμα: Μπουκανιέρος και ιδιοκτήτης φυτείας ζαχαροκάλαμου

Το 1699, ο Μόργκαν επιτέθηκε και έκαψε ισπανικά πλοία κοντά στις ακτές της Βενεζουέλας, από τα οποία απέσπασε συνολικά 20.000 ασημένια πέσος.

Το 1670, ο κυβερνήτης Μόντιφορντ έστειλε τον Μόργκαν πίσω στον Παναμά, τούτη τη φορά μαζί με 2.000 άνδρες. Δυστυχώς για τον Μόργκαν, οι Ισπανοί είχαν μεταφέρει όλο σχεδόν το θησαυρό τους έξω από την πόλη. Τα χειρότερα όμως δεν είχαν έρθει ακόμη. Η Ισπανία και η Αγγλία υπέγραψαν συνθήκη ειρήνης. Έτσι, όταν ο Μόργκαν επέστρεψε στην Τζαμάικα, συνελήφθη και οδηγήθηκε στην Αγγλία.

Ο Μόργκαν ανάγκασε τους κατοίκους του Πορτομπέλο να του παραδώσουν 100.000 ασημένια πέσος. Μόνο όταν πήρε τα λύτρα, εγκατέλειψε την πόλη τους.

Ο Μόργκαν φυλακίστηκε για δύο χρόνια στον Πύργο του Λονδίνου, χωρίς να του απαγγελθεί ποτέ συγκεκριμένη κατηγορία. Αντιθέτως, για τη δράση του κατά της Ισπανίας αναδείχθηκε ήρωας. Όταν απελευθερώθηκε, χρίστηκε ιππότης από το βασιλιά Κάρολο το Δεύτερο και το 1675 επέστρεψε στην Τζαμάικα ως υποδιοικητής του νησιού.

Έντουαρντ Τιτς: ο πιο διαβόητος πειρατής

Ο Έντουαρντ Τιτς, περισσότερο γνωστός ως Μαυρογένης, ήταν ένας ψηλός άνδρας με άγριο βλέμμα.

Η μακριά γενειάδα του ήταν τυλιγμένη με κορδέλες, κομμάτια φιτιλιού γλιστρούσαν κάτω από το καπέλο του και πάνω στο στήθος του κρέμονταν έξι πιστόλια. Ο Μαυρογένης έδειχνε σκληρός και αμείλικτος, και αυτό ακριβώς ήταν.

⬆ *Το καριοφίλι έριχνε σφαίρες από ατόφιο μολύβι και δεν γέμιζε γρήγορα. Στις μάχες σώμα με σώμα, η λαβή του χρησιμοποιούνταν ως ρόπαλο.*

Το καθεστώς τρομοκρατίας του Μαυρογένη ξεκίνησε το 1716, όταν ένωσε τις δυνάμεις του με τον πειρατή Μπέντζαμιν Χόρνιγκολντ. Ο Μαυρογένης δεν άργησε να πάρει τον έλεγχο ενός σλεπιού, το οποίο αντικατέστησε με ένα μεγαλύτερο πλοίο, την *Εκδίκηση της Βασίλισσας Άννας*. Λεηλατώντας πλοία και πόλεις στις ανατολικές ακτές της Βόρειας Αμερικής, απέκτησε φήμη βίαιου πειρατή. Τέτοια ήταν η σκληρότητά του που εγκατέλειψε έως και το ίδιο του το πλήρωμα σε κάποιο ερημονήσι και το έσκασε μαζί με τη λεία τους.

Το τέλος του Μαυρογένη ήρθε το Νοέμβριο του 1718, όταν τον εντόπισε ο υποπλοίαρχος του Βρετανικού Βασιλικού Ναυτικού Ρόμπερτ Μέιναρντ. Ένας από τους άνδρες του υποπλοίαρχου του κατάφερε πλήγμα με το ξίφος. Στη συνέχεια, τον αποκεφάλισαν και τοποθέτησαν το κεφάλι στην πλώρη του πλοίου του Μέιναρντ για να το βλέπουν όλοι.

Έντουαρντ Τιτς, γνωστός ως «Μαυρογένης»

Γεννήθηκε: γύρω στο 1680, στην Αγγλία
Πέθανε: το 1718, κοντά στις ακτές της Βόρειας Καρολίνας, στη Βόρεια Αμερική
Επάγγελμα: Πειρατής

Οι τελευταίες στιγμές του Μαυρογένη καθώς παλεύει μέχρι θανάτου με τον υποπλοίαρχο Μέιναρντ πάνω στο πλοίο Τζέιν του Βρετανικού Βασιλικού Ναυτικού.

ΜΑ ΤΟΥΣ ΧΙΛΙΟΥΣ ΘΗΣΑΥΡΟΥΣ!

Το 1996, ανακαλύφθηκε ένα ναυάγιο που πιστεύεται πως είναι το Εκδίκηση της Βασίλισσας Άννας. Οι επιστήμονες μελετούν τα συντρίμμια για να εξακριβώσουν αν πράγματι πρόκειται για το συγκεκριμένο πλοίο.

Η ζωή πάνω στο πλοίο

↑ *Τα τρόφιμα του πληρώματος και άλλες προμήθειες αποθηκεύονταν σε ξύλινα βαρέλια. Το καθένα από αυτά ήταν φτιαγμένο από γερά ξύλα δεμένα με σιδερένια τσέρκια.*

Τα πειρατικά σκάφη ταξίδευαν με πλήρωμα περίπου 80 ανδρών.

Το πλήρωμα ήταν πολύ καλά οργανωμένο και η πειθαρχία απαραίτητη. Εκτός από το να τηρεί τα άρθρα του πλοίου, κάθε πειρατής ήξερε ποια ήταν η θέση του στο πλήρωμα. Υπεύθυνος ήταν ο καπετάνιος, τον οποίο βοηθούσε ο **ύπαρχος**, δεύτερος στην ιεραρχία μετά τον καπετάνιο.

← *Τα πανιά ήταν φτιαγμένα από σκληρό ύφασμα, το κανναβόπανο. Όταν σκίζονταν, έπρεπε να ραφτούν άμεσα.*

Ποτέ δεν έλειπαν οι ανιαρές, καθημερινές αγγαρείες για τα μέλη του πληρώματος. Τα σπαθιά έπρεπε να ακονιστούν, τα σκισμένα πανιά να επιδιορθωθούν, τα γεύματα να ετοιμαστούν, ενώ οι βιγλάτορες επαγρυπνούσαν για πλοία και στεριά.

Αυτό που περισσότερο επιθυμούσαν οι πειρατές ήταν να υψώσουν τη σημαία του καραβιού, το «Τζόλι Ρότζερ», το σύμβολο των πειρατών. Κάθε καπετάνιος είχε τη δική του σημαία, που απεικόνιζε κρανία, οστά, σπαθιά πάνω σε μαύρο φόντο, συμβολίζοντας το θάνατο εκείνου που αντιστεκόταν.

ΜΑ ΤΟΥΣ ΧΙΛΙΟΥΣ ΘΗΣΑΥΡΟΥΣ!

Κάποια πειρατικά πλοία μετέφεραν ζωντανές θαλάσσιες χελώνες. Οι πειρατές της Καραϊβικής τρέφονταν συχνά με το κρέας τους.

ΠΕΙΡΑΤΙΚΕΣ ΣΗΜΑΙΕΣ

Το όνομα Τζόλι Ρότζερ ίσως προερχόταν από τις γαλλικές λέξεις **jolie rouge** *(ζολί ρουζ), που σημαίνει «όμορφο κόκκινο», ή από την αγγλική λέξη* **roger** *(ρότζερ), που σημαίνει «διάβολος».*

Έντουαρντ Τιτς, γνωστός ως «Μαυρογένης»

Μπαρθόλομιου Ρόμπερτς

Τζον Ράκαμ

Στιντ Μπόνετ

Πειρατικά καταφύγια

Η Καραϊβική ήταν γεμάτη ασφαλή καταφύγια για τους πειρατές, που έδεναν τα πλοία τους και έβγαιναν στη στεριά.

Οι μπουκανιέροι χρησιμοποιούσαν ως λημέρι τους το Πορτ Ρόγιαλ, στην Τζαμάικα. Στις ταβέρνες του χαρτόπαιζαν και έπιναν ξοδεύοντας τα κέρδη των επιδρομών τους, ώσπου το 1692 η πόλη καταστράφηκε από σεισμό.

Το Πορτ Ρόγιαλ καταστράφηκε από σεισμό και μεγάλο μέρος της πόλης βυθίστηκε στη θάλασσα.

Μιλώντας σαν πειρατής

Ε! Κραυγή χαιρετισμού προς άλλο πλοίο ή άνθρωπο.

Αγάντα! Κράτα/ Πιάσε γερά!

Ναυτικός του γλυκού νερού Αδέξιος άνθρωπος, που δεν είναι συνηθισμένος στη ζωή στη θάλασσα.

Στεριά μπροστά! Το φωνάζει ο βιγλάτορας του πλοίου όταν εντοπίσει στεριά.

Σύντροφος Συνάδελφος ναύτης.

Υγρός τάφος Ο πάτος της θάλασσας, εκεί που καταλήγουν τα ναυάγια και οι πνιγμένοι ναύτες.

Φασιναδόρος Ο χαμηλότερος βαθμός ναύτη, ο οποίος είναι κατάλληλος μόνο για να σφουγγαρίζει τα καταστρώματα.

Τη Χρυσή Εποχή της πειρατείας –την εποχή του Μαυρογένη, του Μπέλαμι, του Τζον Ράκαμ και άλλων– το νησί Νιου Πρόβιντενς στις Μπαχάμες έγινε το κύριο καταφύγιο των πειρατών της Καραϊβικής.

Τα σλέπια τους κατέφευγαν στο ρηχό λιμάνι του νησιού, όπου δεν μπορούσαν να εισέλθουν τα μεγαλύτερα καταδιωκτικά πλοία του Βρετανικού Βασιλικού Ναυτικού. Το νησί προμήθευε τους πειρατές φαγητό, νερό και ξύλα, ενώ οι κυβερνήτες του δωροδοκούνταν με αντάλλαγμα την ασφάλεια των πειρατών.

ΜΑ ΤΟΥΣ ΧΙΛΙΟΥΣ ΘΗΣΑΥΡΟΥΣ!

Όταν έφυγε από το Νιου Πρόβιντενς, ο Μαυρογένης κατέφυγε στο νησί Όκρακοουκ, στη Βόρεια Καρολίνα, και από εκεί πραγματοποιούσε επιδρομές σε πόλεις της ανατολικής ακτής της Βόρειας Αμερικής.

Μέχρι το 1717, περίπου 500 πειρατές χρησιμοποιούσαν το Νιου Πρόβιντενς ως ορμητήριό τους. Ωστόσο, όταν ο κυβερνήτης Γουντς Ρότζερς έφθασε στο νησί τον επόμενο χρόνο, κρέμασε έξι από αυτούς και έδωσε χάρη σε όσους εγκατέλειψαν την πειρατεία. Ορισμένοι, όπως ο Μαυρογένης, αναζήτησαν νέα καταφύγια.

Ο Γουντς Ρότζερς αρχικά ήταν καταδρομέας. Είχε άδεια από την αγγλική κυβέρνηση να επιτίθεται σε ισπανικά πλοία και οικισμούς.

Σάμιουελ Μπέλαμι: ο πρίγκιπας πειρατής

Ο Σάμιουελ Μπέλαμι ήταν γνωστός ως «ο πρίγκιπας των πειρατών» επειδή έδινε στους άνδρες του ίσα μερίδια από τα λάφυρα που εξασφάλιζε.

Το Μάρτιο του 1717, ο Μπέλαμι σάλπαρε από το πειρατικό καταφύγιο του Νιου Πρόβιντενς με το σλέπι του, τη *Σουλτάνα*. Αναζητούσε έπαθλο και δεν άργησε να εντοπίσει ένα μεγάλο εμπορικό πλοίο. Επρόκειτο για το *Γουάιντα*, ένα καράβι που μετέφερε σκλάβους. Είχε παραδώσει το ανθρώπινο φορτίο του στην Τζαμάικα και είχε βάλει πλώρη για την Αγγλία φορτωμένο με ελαφαντόδοντο, **λουλάκι**, ζάχαρη και χιλιάδες ισπανικά χρυσά και ασημένια νομίσματα.

ΜΑ ΤΟΥΣ ΧΙΛΙΟΥΣ ΘΗΣΑΥΡΟΥΣ!

Το ναυάγιο του *Γουάιντα* ανακαλύφθηκε από έναν κυνηγό θησαυρών το 1984. Ήταν το πρώτο πειρατικό πλοίο που εντοπίστηκε στην Καραϊβική, ενώ διασώθηκε μέρος του αμύθητου θησαυρού του.

Το Γουάιντα εξόκειλε, διαλύθηκε και βυθίστηκε. Ο Μπέλαμι και άλλοι 143 πειρατές πνίγηκαν. Μόνο δύο κατάφεραν να επιβιώσουν.

Ισπανικό χρυσό νόμισμα και δαχτυλίδι από το ναυάγιο του Γουάιντα. Χιλιάδες νομίσματα, χρυσοί ράβδοι και κοσμήματα ήρθαν στο φως.

Σάμιουελ Μπέλαμι

Γεννήθηκε: το 1689, στην Αγγλία
Πέθανε: το 1717, κοντά στις ακτές της Μασαχουσέτης, στη Βόρεια Αμερική
Επάγγελμα: Πειρατής

Ο Μπέλαμι καταδίωκε το *Γουάιντα* επί τρεις μέρες και τελικά το κυρίευσε κοντά στις Μπαχάμες. Το πλοίο ήταν ένα από τα πιο ακριβά έπαθλα που εξασφάλισε ποτέ πειρατής της Καραϊβικής και έγινε η ναυαρχίδα του Μπέλαμι. Η τύχη όμως δεν ήταν με το μέρος του για πολύ. Το Μάιο του 1717, το *Γουάιντα* ναυάγησε σε μια καταιγίδα. Ο Μπέλαμι και μεγάλο μέρος του πληρώματος πνίγηκαν, ενώ ο πειρατικός θησαυρός του πλοίου χάθηκε στη θάλασσα.

Πειρατικά έπαθλα: καράβια και φορτία

Όταν ο καιρός ήταν καλός, ο βιγλάτορας ενός πειρατικού πλοίου μπορούσε να εντοπίσει καράβι ακόμη και σε απόσταση 32 χιλιομέτρων.

Η αναγνώριση ενός πλοίου ήταν πολύ σημαντική. Τα πειρατικά σλέπια έπρεπε να μείνουν μακριά από τα πολεμικά καράβια, που ενδεχομένως να έκαναν περιπολίες. Στόχος των πειρατών ήταν τα εμπορικά πλεούμενα. Όταν εντόπιζαν κάποιο, έβαζαν πλώρη προς το μέρος του. Όταν το σλέπι τους πλησίαζε το πλοίο-έπαθλο, οι πειρατές ύψωναν ψεύτικη σημαία.

➡ *Ψηλά στα άρμενα του πλοίου, ένας βιγλάτορας επαγρυπνούσε για πλοία-στόχους, αλλά και για πλοία που έπρεπε να αποφύγουν.*

Τότε, ο καπετάνιος του εμπορικού πλοίου ξεγελιόταν και πίστευε ότι το σλέπι ήταν φιλικό, οπότε δεν προσπαθούσε να διαφύγει. Όταν οι πειρατές έφθαναν πια πολύ κοντά, σήκωναν την πειρατική τους σημαία και έριχναν κανονιές πάνω από την πλώρη του εχθρικού καραβιού, ελπίζοντας πως ο καπετάνιος του θα παραδιδόταν αμαχητί.

➡ *Οι πειρατές της Καραϊβικής πολεμούσαν με ναύμαχο σπάθη, όπλο καμπυλωτό και αιχμηρό κατά μήκος της μιας κόψης.*

Όταν μια ομάδα πειρατών σκαρφάλωνε πάνω στο πλοίο-έπαθλο, μπορούσε να νικήσει το πλήρωμά του μέσα σε λίγα λεπτά.

ΜΑ ΤΟΥΣ ΧΙΛΙΟΥΣ ΘΗΣΑΥΡΟΥΣ!

Όταν οι πειρατές λεηλατούσαν ισπανικά καράβια, ήλπιζαν να βρουν τόσο χρυσά νομίσματα, τα δουβλόνια, όσο και ασημένια, τα πέσος, γνωστά και ως ισπανικά δολάρια, που έφεραν στην όψη τους τον αριθμό 8.

Αν το πλήρωμα αντιστεκόταν, οι πειρατές έστριβαν τα κανόνια τους προς το πλοίο και πυροβολούσαν αλυσιδωτά τα άρμενα για να τα καταστρέψουν. Πρόθεσή τους ήταν να πλευρίσουν το πλοίο και να ενώσουν τα δύο πλεούμενα με **αρπάγες**. Στη συνέχεια, οι πειρατές σκαρφάλωναν στο κατάστρωμα και πολεμούσαν με σπαθιά και πιστόλια ώσπου να περάσει το πλοίο και το φορτίο του στα χέρια τους.

Τζον Ράκαμ: ο πειρατής με τα κομψά ρούχα

Ο Τζον, ή Τζακ, Ράκαμ φορούσε ριγωτά πουκάμισα φτιαγμένα από κάμποτο (κάλικο), γι' αυτό και το παρατσούκλι του ήταν «Κάλικο Τζακ».

Ο Ράκαμ ήταν ένας από τους πολλούς πειρατές που χρησιμοποιούσε το νησί Νιου Πρόβιντενς ως ορμητήριο. Όταν ο Γουντς Ρότζερς έγινε κυβερνήτης εκεί το 1718, έδωσε χάρη στον Ράκαμ ο οποίος συμφώνησε να εγκαταλείψει την πειρατεία. Μα σε λίγο καιρό η ανεργία στο νησί τον ώθησε για άλλη μια φορά στη ζωή του πειρατή.

Σε αυτή την πρώιμη απεικόνιση του Τζον Ράκαμ εμφανίζεται ένας ψηλός και καλοντυμένος άνδρας που κρατά ξίφος και πιστόλι.

Τζον Ράκαμ

Γεννήθηκε: άγνωστη χρονολογία και τόπος
Πέθανε: το 1720, στην Τζαμάικα
Επάγγελμα: Πειρατής

Ο Τζον Ράκαμ και οι άνδρες του εκτελέστηκαν το 1720.

Ο Ράκαμ συγκέντρωσε ένα μικρό πλήρωμα το οποίο περιελάμβανε και γυναίκες: την Αν Μπόνι και τη Μέρι Ριντ. Σάλπαραν με το σλέπι *Γουίλιαμ* και για έναν ολόκληρο χρόνο λεηλατούσαν μικρά καράβια, αλλά η λεία τους ήταν ασήμαντη.

Τσεκούρι που χρησιμοποιούσαν οι πειρατές ως όπλο και ως εργαλείο. Με αυτό συνήθιζαν να κόβουν και τα σχοινιά.

Ο κυβερνήτης Ρότζερς έστειλε τον κυνηγό πειρατών Τζόναθαν Μπάρνετ να συλλάβει τον Ράκαμ. Έπειτα από μια συμπλοκή, ο Ράκαμ και το πλήρωμά του παγιδεύτηκαν. Ο ίδιος εκτελέστηκε μαζί με δέκα πειρατές στο Πορτ Ρόγιαλ στην Τζαμάικα. Η σορός του κρεμάστηκε στην είσοδο του λιμανιού ως μακάβρια προειδοποίηση για κάθε επίδοξο πειρατή.

Αν Μπόνι και Μέρι Ριντ

Η Αν Μπόνι και η Μέρι Ριντ μεγάλωσαν σαν αγόρια.

Η Μπόνι παντρεύτηκε έναν άφραγκο ναυτικό και πήγαν να ζήσουν στο νησί Νιου Πρόβιντενς. Εκεί η Μπόνι συνάντησε τον πειρατή Τζον Ράκαμ. Η Ριντ πολέμησε ως στρατιώτης στη βόρεια Ευρώπη. Ύστερα ταξίδεψε στην Καραϊβική, όπου γνώρισε τον Ράκαμ. Εκείνος ήταν που έπεισε τις δύο γυναίκες να γίνουν μέλη του πληρώματός του. Από τότε οι ζωές τους άλλαξαν για πάντα.

Αν Μπόνι

Γεννήθηκε: το 1698, στην Ιρλανδία
Πέθανε: το 1782, στη Νότια Καρολίνα, στη Βόρεια Αμερική
Επάγγελμα: Πειρατής

Η Αν Μπόνι και η Μέρι Ριντ ντυμένες με ανδρικά ρούχα.

Η σύλληψη του Ράκαμ προκάλεσε αίσθηση. Όταν τον εντόπισε ο καπετάνιος Τζόναθαν Μπάρνετ, ο Ράκαμ και οι περισσότεροι άνδρες του ήταν πολύ μεθυσμένοι για να πολεμήσουν. Μόνο δύο πρόβαλαν αντίσταση. Όταν νικήθηκαν, αποκαλύφθηκε η αληθινή τους ταυτότητα: ήταν δύο γυναίκες μεταμφιεσμένες σε άνδρες, η Μπόνι και η Ριντ. Τις καταδίκασαν σε απαγχονισμό, όπως και τον Ράκαμ και τους άνδρες του, αλλά επειδή και οι δύο ήταν έγκυοι, τις άφησαν να ζήσουν.

Η αίθουσα στο Σαν Ιάγο ντε λα Βέγκα, στην Τζαμάικα, όπου δικάστηκαν ο Ράκαμ, η Μπόνι, η Ριντ και άλλα μέλη του πειρατικού πληρώματος.

Μέρι Ριντ

Γεννήθηκε: γύρω στο 1695, στην Αγγλία
Πέθανε: το 1721, στην Τζαμάικα
Επάγγελμα: Πειρατής

Τιμωρίες για αιχμάλωτους και πειρατές

Όταν οι πειρατές κυρίευαν ένα πλοίο ή έκαναν επιδρομή σε μια πόλη, μερικές φορές έπαιρναν αιχμαλώτους.

Οι αιχμάλωτοι συνήθως κρατούνταν ως αντάλλαγμα για αγαθά ή πληροφορίες. Κάποτε ο Μαυρογένης αντάλλαξε μια ομάδα αιχμαλώτων για ένα κουτί με φάρμακα – περίεργη ανταλλαγή για πειρατή! Αν οι πειρατές πίστευαν ότι οι αιχμάλωτοί τους γνώριζαν την κρυψώνα ενός θησαυρού, είχαν τρόπους να τους αναγκάσουν να μιλήσουν, τρόπους σκληρούς και αμείλικτους.

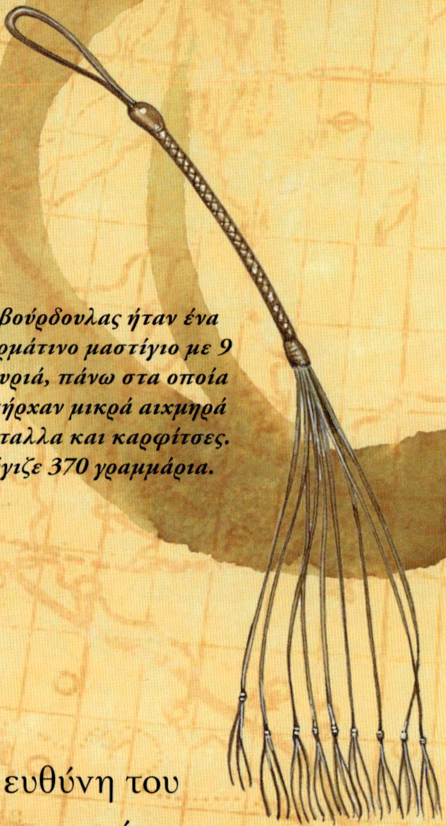

Ο βούρδουλας ήταν ένα δερμάτινο μαστίγιο με 9 λουριά, πάνω στα οποία υπήρχαν μικρά αιχμηρά μέταλλα και καρφίτσες. Ζύγιζε 370 γραμμάρια.

Ήταν ευθύνη του ύπαρχου να κάνει τους αιχμαλώτους να μιλήσουν, κάτι που συχνά συνέβαινε πριν καν τιμωρηθούν. Και μόνο στην ιδέα ότι θα τους μαστίγωναν με **βούρδουλα** λυνόταν η γλώσσα τους.

Η ρυμούλκηση ήταν μια τιμωρία που αποσκοπούσε στην εξάντληση του αιχμαλώτου. Αν δεν κατάφερνε να κρατήσει το κεφάλι του πάνω από το νερό, πνιγόταν.

Συνήθης τιμωρία ήταν η εγκατάλειψη σε ερημονήσι. Ο άνδρας μπορεί να περίμενε χρόνια προτού εντοπιστεί από κάποιο πλοίο.

Ο ύπαρχος εφάρμοζε κάποιες από τις πιο σκληρές τιμωρίες ακόμη και στους ίδιους τους πειρατές. Έτσι διατηρούνταν η πειθαρχία στο πλήρωμα, το οποίο ήξερε τι θα συνέβαινε σε περίπτωση που δεν υπάκουγε στις διαταγές ή παραβίαζε τους κανόνες. Οι πειρατές της Καραϊβικής ποτέ δεν ανάγκαζαν κάποιον να βαδίσει πάνω σε ένα **μαδέρι** και να πέσει στη θάλασσα. Πρόκειται για τιμωρία που επινόησαν τα παραμύθια και οι κινηματογραφικές ταινίες.

Πειρατικές τιμωρίες

Αιμορραγία Κέντριζαν και τρυπούσαν το θύμα με μαχαίρια και καρφίτσες.
Βύθιση Μια έριχναν το θύμα στο νερό και μια το τραβούσαν έξω.
Μαστίγωμα Χτυπούσαν το θύμα με βούρδουλα.
Κρέμασμα Κρεμούσαν το θύμα μέχρι να ξεψυχήσει.
Κατάδυση Έσερναν το θύμα κάτω από το πλοίο, από τη μια πλευρά της γάστρας ως την άλλη.
Άνθρωπος στη θάλασσα Πετούσαν το θύμα στη θάλασσα και το άφηναν να πνιγεί.
Εγκατάλειψη Άφηναν το θύμα μόνο σε ερημονήσι.
Νόμος του Μωυσή Το θύμα δεχόταν 39 βουρδουλιές.
Σανίδα-ερημονήσι Άφηναν το θύμα να επιπλέει στη θάλασσα πάνω σε μια σανίδα.
Ρυμούλκηση Τραβούσαν πίσω από το πλοίο το θύμα δεμένο στην άκρη ενός σκοινιού.

Κυνηγοί πειρατών: το τέλος της πειρατείας

Οι πειρατές διαφέντευαν την Καραϊβική για λίγα μόνο χρόνια και οι περισσότεροι είχαν πολύ σύντομη σταδιοδρομία.

Η αρχή του τέλους ήρθε όταν περιοχές όπως το Νιου Πρόβιντενς έπαψαν να είναι ασφαλή καταφύγια για τους πειρατές. Όταν ο Γουντς Ρότζερς έγινε κυβερνήτης εκεί, το πρώτο πράγμα που έκανε ήταν να δώσει χάρη σε 500 περίπου πειρατές.

ΜΑ ΤΟΥΣ ΧΙΛΙΟΥΣ ΘΗΣΑΥΡΟΥΣ!

Οι σοροί κάποιων πειρατών που είχαν εκτελεστεί, όπως του Τζον Ράκαμ, τυλίγονταν με αλυσίδες ή τοποθετούνταν σε σιδερένια κλουβιά και ύστερα αφήνονταν κρεμασμένες ώσπου να αποσυντεθούν. Το θέαμα ήταν αποτρόπαιο και λειτουργούσε ως παράδειγμα προς αποφυγή.

Πολλοί ήταν εκείνοι που δέχθηκαν τη χάρη και διέκοψαν την πειρατική τους πορεία. Εντούτοις, κάποιοι δεν μπορούσαν, ή δεν επιθυμούσαν, να αλλάξουν αυτό τον «ντροπιαστικό τρόπο ζωής», όπως χαρακτήριζε ο κυβερνήτης Ρότζερς την πειρατεία. Οι άνδρες αυτοί εντοπίστηκαν από κυνηγούς πειρατών και οδηγήθηκαν ενώπιον της δικαιοσύνης.

Παρά τα κανόνια με τα οποία ήταν εξοπλισμένα τα πλοία τους, οι πειρατές δεν μπόρεσαν να νικήσουν τους κυνηγούς πειρατών που τους καταδίωκαν.

Ο Μπαρθόλομιου Ρόμπερτς σκοτώθηκε από τα χοντρά σκάγια ενός πλοίου του πολεμικού ναυτικού (αριστερά). Οι άνδρες του έριξαν το άψυχο σώμα του στη θάλασσα, εμποδίζοντας τους αντίπαλους αξιωματικούς να το κρεμάσουν αλυσοδεμένο.

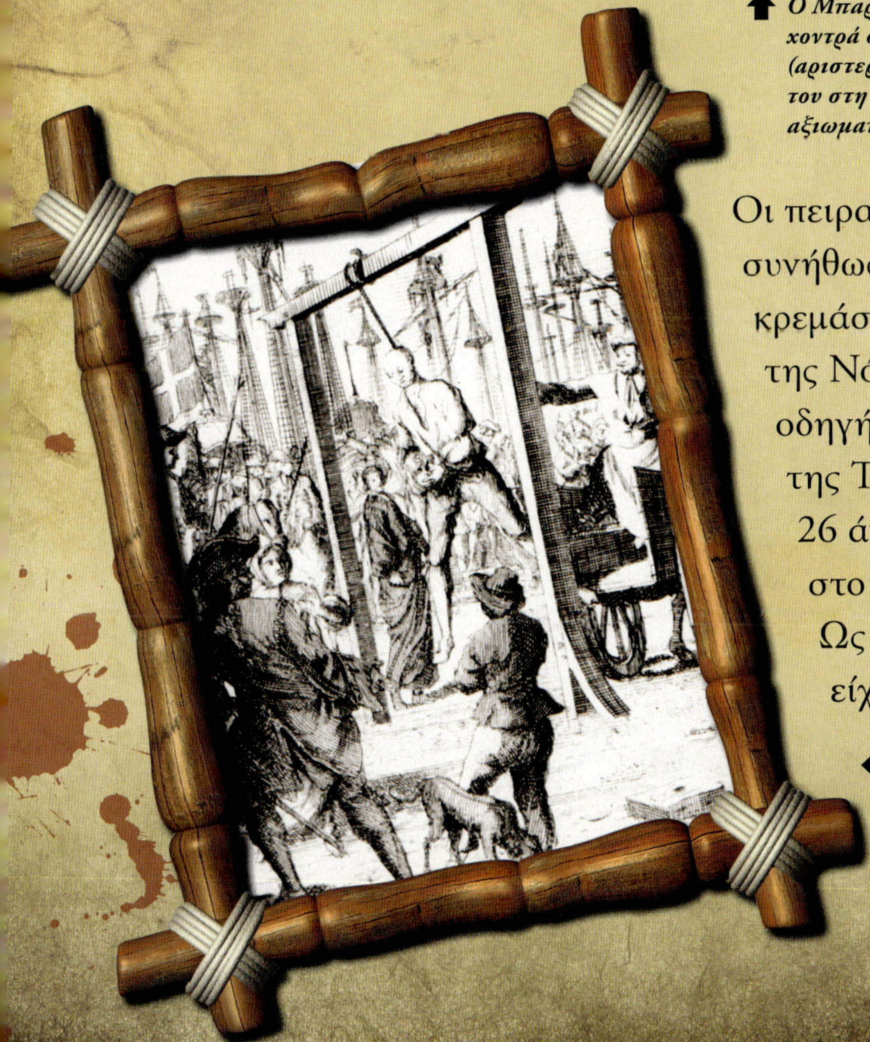

Οι πειρατές συλλαμβάνονταν και εκτελούνταν συνήθως ομαδικά. Το 1718, ο Στιντ Μπόνετ κρεμάστηκε μαζί με 30 άλλους στο Τσάρλστον της Νότιας Καρολίνας. Το 1722, 40 πειρατές οδηγήθηκαν στην αγχόνη στο Κίνγκστον της Τζαμάικα, ενώ τον επόμενο χρόνο 26 άνδρες είχαν το ίδιο τέλος στο Νιούπορτ του Ρόουντ Άιλαντ. Ως το 1730 οι πειρατές της Καραϊβικής είχαν ηττηθεί συντριπτικά.

Ο Στιντ Μπόνετ κρεμάστηκε με την κατηγορία της πειρατείας το 1718. Στο χέρι του κρατούσε ένα μικρό μπουκέτο λουλούδια, σημάδι ότι είχε μετανοήσει για τα κρίματά του.

ΓΛΩΣΣΑΡΙ

East Indiaman = είδος εμπορικού πλοίου. Ήταν ένα μεγάλο, αργοκίνητο ιστιοφόρο που χρησιμοποιούνταν για τη μεταφορά αγαθών

Ακτή της Μπαρμπαριάς = η περιοχή στα βόρεια παράλια της Αφρικής από τη σημερινή Αλγερία ως τη Λιβύη, που ήταν ορμητήριο των κουρσάρων

αλαβάρδα = τσεκούρι στην άκρη μακριού κονταριού. Χρησίμευε ως όπλο

ανταρσία = η άρνηση του πληρώματος να υπακούσει τον καπετάνιο και η εκ μέρους του ανάληψη του ελέγχου του πλοίου

αντάρτης = αυτός που συμμετέχει σε ανταρσία

αποικία = χώρα ή περιοχή που έχει κατακτηθεί από άλλη, ισχυρότερη χώρα και εξαρτάται από αυτή οικονομικά και πολιτικά

αποκλεισμός = η απαγόρευση εισόδου και εξόδου

άρμενα = τα σκοινιά, οι ιστοί και οι αλυσίδες που κρατούν τα ιστία ενός πλοίου. Αλλιώς, ξάρτια

αρπάγη = σιδερένιο άγκιστρο με τέσσερα δόντια στην άκρη ενός σκοινιού. Χρησιμοποιούνταν για να ενωθούν δύο πλοία ώστε να επιτραπεί η επιβίβαση από το ένα στο άλλο

ασπάζομαι κάποια θρησκεία = προσχωρώ σε μια θρησκεία, αποδέχομαι δηλαδή τα διδάγματα και τις αρχές της

βαλλίστρα = είδος μεγάλου φορητού τόξου που εκσφενδόνιζε διάφορα βλήματα, όπως βέλη, ακόντια ή πέτρες

βιγλάτορας = φρουρός σε παρατηρητήριο

βούρδουλας = δερμάτινο μαστίγιο με 9 λουριά, μικρά αιχμηρά μέταλλα και καρφίτσες. Χρησιμοποιούνταν για την τιμωρία μελών του πληρώματος ή αιχμαλώτων

γαλιόνι = μεγάλο, αργοκίνητο ιστιοφόρο που χρησιμοποιούνταν για τη μεταφορά αγαθών

γαλιότα = μικρή γαλέρα

γάστρα πλοίου = το κατώτατο μέρος του πλοίου που του επιτρέπει να επιπλέει στο νερό

γιαταγάνι = πλατύ σπαθί με καμπυλωτή λεπίδα

δήμιος = αυτός που εκτελεί θανατικές ποινές

δουβλόνι = έτσι ονόμαζαν οι πειρατές το εσκούδο, ισπανικό χρυσό νόμισμα που χρησιμοποιούνταν στην Ισπανία και στην Καραϊβική

δυσεντερία = ασθένεια που προκαλεί έντονη ναυτία και οδηγεί σε απώλεια βάρους, αφυδάτωση και θάνατο

εμπορική οδός = χερσαία ή θαλάσσια διαδρομή που ακολουθούσαν οι έμποροι

επίστεγο = η υπερυψωμένη πλατφόρμα στην πρύμνη ενός ιστιοφόρου

Επιστολή Διαπίστευσης = άδεια που παραχωρούνταν στους καταδρομείς από την κυβέρνηση ή τον ηγεμόνα τους προκειμένου να πραγματοποιούν επιδρομές σε εχθρικές πόλεις και πλοία

θησαυροφόρο πλοίο = το πλοίο εκείνο που μετέφερε πολύτιμα αγαθά

ικρίωμα = υπερυψωμένη κατασκευή που χρησιμοποιούσαν για να κρεμούν τους εγκληματίες

ίσαλος γραμμή = η γραμμή στις πλευρές του πλοίου, στο ίδιο ύψος με την επιφάνεια της θάλασσας

ισπανικό δολάριο = έτσι ονόμαζαν οι πειρατές το πέσο

κάλικο = βλ. κάμποτο

κάμποτο = είδος πολύ καλού βαμβακερού υφάσματος

κανναβόπανο = είδος χοντρού, σκληρού υφάσματος από ίνες κανναβιού ή λινού. Λέγεται και κανναβάτσο

καριοφίλι = είδος πιστολιού που πυροβολούσε με τη σπίθα ενός φιτιλιού

κάτεργα = καταναγκαστικά έργα

κουρσάρος = πειρατής ή καταδρομέας στη Μεσόγειο Θάλασσα

κτήση = βλ. αποικία

λάφυρα = κλοπιμαία, προϊόντα λεηλασίας. Αλλιώς, λεία

λεηλατώ = κλέβω, αρπάζω με τη βία

λημέρι = κρησφύγετο

λουλάκι = χρωστική ουσία με βαθύ γαλάζιο χρώμα

λύτρα = χρήματα που καταβάλλονταν για την απελευθέρωση ενός αιχμαλώτου

μαδέρι = χοντρή ξύλινη σανίδα

μεντζάνα = το κατάρτι στην πρύμνη ενός ιστιοφόρου

μουσκέτο = μακρύκαννο όπλο

μπαρούτι = λεπτή, μαύρη σκόνη που καίγεται εύκολα. Χρησιμοποιούνταν σε πιστόλια και κανόνια

μπουκανιέρος = παράνομος που ζούσε στα νησιά της Καραϊβικής και αργότερα έγινε πειρατής

μύδρος = οβίδα κανονιού

ναυαρχίδα = το κύριο πλοίο που χρησιμοποιεί ο καπετάνιος των πειρατών ή ο ναυτικός διοικητής

ναύμαχος σπάθη = όπλο με ελαφρά καμπυλωτή λεπίδα

νηοπομπή = εμπορικά πλοία που πλέουν συνοδεία πολεμικών για προστασία

πέσο = ισπανικό ασημένιο νόμισμα που χρησιμοποιούνταν στην Ισπανία και την Καραϊβική. Στην όψη του υπήρχε ο αριθμός 8, δείχνοντας την ισοδυναμία του με οκτώ ρεάλ

πόλη-κράτος = αυτόνομη πόλη και η επικράτειά της

πορσελάνη = υψηλής ποιότητας κεραμικό του οποίου η κατεργασία ξεκίνησε από την Κίνα

προσκυνητής = αυτός που πηγαίνει να επισκεφθεί ένα ιερό μέρος

πρόστεγο = η υπερυψωμένη πλατφόρμα στην πλώρη ενός ιστιοφόρου

ρεάλ = ισπανική νομισματική μονάδα

ρεσάλτο = πειρατική έφοδος σε άλλο πλοίο

σκάγια = μικρά σιδερένια βλήματα

σλέπι = μικρό, ευέλικτο και γρήγορο σκάφος που χρησιμοποιούσαν οι πειρατές

σουλτάνος = ο ηγεμόνας μιας μουσουλμανικής χώρας ή πόλης-κράτους

σπάθη = λεπτό, αιχμηρό σπαθί

τουρμπάνι = μακριά λωρίδα υφάσματος που τυλίγουν γύρω από το κεφάλι τους οι μουσουλμάνοι

τσέρκι = μεταλλικό στεφάνι που δένει τα ξύλα των βαρελιών

ύπαρχος = ο υποδιοικητής ενός πλοίου, υπεύθυνος για τις τιμωρίες

χρηματική εγγύηση = χρήματα που καταβάλλονταν για προστασία ενάντια σε επιθέσεις

ΕΥΡΕΤΗΡΙΟ